INITIALEN

Franziska Steuer
wurde 1992 in Worms am Rhein geboren
und absolvierte ihren *Bachelor of Arts* in
Buchwissenschaft mit dem Nebenfach Allgemeine
und Vergleichende Literaturwissenschaft. Ihr großes
Interesse an historischer Forschung, speziell den
Entwicklungen von Verlagen und dem Buchhandel
im 19. und 20. Jahrhundert, wird in der Arbeit
*Soziologie 1900–1933. Eine junge Disziplin im
Spiegel ihrer Verlage* deutlich, mit der sie 2016 den
Master of Arts in Buchwissenschaft an der
Johannes Gutenberg-Universität Mainz erlangte.

Franziska Steuer

Soziologie 1900–1933

Eine junge Disziplin im Spiegel ihrer Verlage

© 2017 Mainzer Buchwissenschaft

Gesetzt aus Minion Pro und Myriad Pro
in der Lehrdruckerei der Mainzer Buchwissenschaft
von Katharina Brückmann und Finja Gertulla

unter Mitarbeit von Linda Schilling

ISBN 978-3-945883-60-0

Auch als EPUB (978-3-945883-61-7)
und PDF (978-3-945883-62-4) erhältlich.

ABKÜRZUNGSVERZEICHNIS

ASSp   Archiv für Sozialwissenschaft und Sozialpolitik (Zeitschrift)
DGS   Deutsche Gesellschaft für Soziologie
GdS   Grundriss der Sozialökonomik (Zeitschrift)
MWG   Max Weber-Gesamtausgabe
RGG   Religion in Geschichte und Gegenwart (Zeitschrift)
VfS   Verein für Socialpolitik

GELEITWORT

Die Geschichte des wissenschaftlichen Verlagswesens hat innerhalb der buchwissenschaftlichen Forschung bisher nicht das gleiche herausgehobene Interesse gefunden wie die Geschichte des schöngeistigen bzw. belletristischen Verlagswesens. Nur vereinzelt sind Studien entstanden, die die Entwicklung wissenschaftlicher Verlage untersucht haben, obwohl sie ab dem letzten Drittel des 19. Jahrhunderts zu den produktions- und umsatzstärksten Unternehmen auf dem deutschen Buchmarkt gehörten. Die Ausdifferenzierung von wissenschaftlichen Disziplinen und neue Forschungsfelder an den Universitäten sowie technische Entwicklungen eröffneten Verlagen neue Märkte. Die Beziehungen zwischen Verlagen mit rein wissenschaftlichem Programm und der jeweils disziplinären *scientific community* sind jedoch nur in Ansätzen erforscht worden.

Am Beispiel der Soziologie werden in der vorliegenden Studie die Autor-Verleger-Beziehungen ebenso ins Blickfeld gerückt wie die Wechselwirkungen zwischen Verlagsentwicklungen, Programmaufbau und wissenschaftlichen Publikationsformen. Da die Soziologie am Beginn des 20. Jahrhunderts noch eine sehr junge Fachrichtung war, ist die Rolle der Verlage bei der Etablierung der Soziologie als neuer universitärer Disziplin mit philosophischen Wurzeln und nationalökonomischen Ausgangspunkten besonders interessant. Auch die Bedeutung von Fachgesellschaften wie dem Verein für Socialpolitik und der Deutschen Gesellschaft für Soziologie für den Institutionalisierungsprozess der Disziplin spiegelt sich in den Bemühungen der Verleger um Autoren. Das persönliche Interesse der Verleger, ihr Wunsch nach stärkerer oder neuer Programmschärfung und die Hoffnung, ein lukratives Marktsegment zu erschließen, waren die primären Beweggründe, soziologische Arbeiten in ihren Verlag aufzunehmen. Auf welche Weise sie mit Autoren zusammenarbeiteten und welche Probleme entstanden, wird aus Briefquellen erläutert. Verlage profitierten von renommierten Soziologen als Herausgeber und Autoren bei der Profilierung von Verlagsprogrammen. Andererseits unterstützten Verlage durch spezifische Publikationsformen wie Zeitschriften, Schriftenreihen, Handbücher und Monographien die Institutionalisierung der Disziplin. Sie trugen als attraktive Publikationsorte zur Sichtbarkeit der Disziplin im wissenschaftlichen Kontext wie auch auf dem Buchmarkt bei. Alle diese Aspekte werden hier anhand von Fallbeispielen erörtert.

Ute Schneider
im Mai 2017

1 EINLEITUNG

Was hier zum Ausdruck kommt, ist die Aufgabe des wissenschaftlichen
Verlages: opferbereiter Dienst an der Wissenschaft, die Anerkennung
dessen von der anderen Seite und schließlich das Vertrauensverhältnis
zwischen Autor und Verlag[1].

Hans Siebeck

Das wissenschaftliche Feld der Soziologie entwickelte sich zu einem Zeitpunkt, als die Natur- und Geschichtswissenschaften sowie die Philosophie
bereits selbstverständlich als eigenständige Einzeldisziplinen an den Universitäten gelehrt wurden. Zwischen 1900 und 1933 begann der Etablierungsprozess der jungen Disziplin ›Soziologie‹, die sich im akademischen Betrieb
und dem wissenschaftlichen Diskurs erst Wahrnehmung verschaffen musste.

Die vorliegende Arbeit widmet sich der Wechselwirkung zwischen der
wissenschaftlichen Disziplin der Soziologie, die sich zu Beginn des 20. Jahrhunderts in Deutschland als eigenständige Wissenschaft etablierte, ihrer
»Scientific Community«[2] und den wissenschaftlichen Verlagen, die soziologische Werke in ihrem Programm führten. Dabei wird der Zusammenhang
zwischen der Entwicklung der Soziologie als wissenschaftliche Disziplin und
ihrem Publikationswesen als integratives Element der wissenschaftlichen
Kommunikation betrachtet.

Die kognitiven und sozialen Strukturen der Wissenschaft sowie ihre Kommunikation werden durch den wissenschaftlichen Buchhandel unterstützt,

---

1   Siebeck, Hans: Hat der wissenschaftliche Privatverlag noch Daseinsberechtigung? Tübingen:
    J.C.B. Mohr (Paul Siebeck) 1951, S. 31.
2   Bzgl. des Begriffs »Scientific Community« siehe Kapitel 3.2.

der die Publikationsorgane für den wissenschaftlichen Kommunikationsprozess bereitstellt. Es wird untersucht, welche Bedeutung wissenschaftliche Verlage, als Teil des wissenschaftlichen Buchhandels, für die wissenschaftliche Kommunikation allgemein und die Soziologie im Speziellen haben und wie sie im frühen 20. Jahrhunderts dazu beitrugen, die Soziologie als eine akademische Einzeldisziplin zu etablieren. Drei Verlage, die in dieser Untersuchung genauer beleuchtet werden und eine wegweisende Funktion für die frühe Soziologie einnahmen, sind J.C.B Mohr (Paul Siebeck), Duncker & Humblot und der Ferdinand Enke Verlag. Auf unterschiedliche Arten boten diese Verlagshäuser für die wissenschaftlichen Autoren aus bestehenden Fachgebieten Plattformen, um die Idee einer Sozialwissenschaft vorzustellen und zu diskutieren. Dabei stellt sich die Frage, welche Publikationsformen die Scientific Community der Soziologen im Zuge des Institutionalisierungsprozesses für ihre Kommunikation nutzte, aber auch, welchen Einfluss die Verlage als Impulsgeber auf den wissenschaftlichen Kommunikationsprozess hatten und wie sie Entwicklungen im soziologischen Diskurs antrieben. Darüber hinaus wird nachvollzogen, aus welchen Gründen sich Verleger entschieden, die Soziologie in ihr Verlagsprogramm aufzunehmen und auf welche Weise sie mit wissenschaftlichen Autoren zusammenarbeiteten. Während sich im Bereich der Naturwissenschaften bereits mehrere Arbeiten mit dem Zusammenhang von Disziplinenentwicklung und wissenschaftlichem Buchhandel beschäftigt haben, steht eine derartige Analyse für das frühe soziologische Verlagswesen noch aus.[3]

Die Entwicklung der Soziologie ist bisher vor allem aus wissenschaftshistorischer Perspektive untersucht worden. Eine Vielzahl von Fachgeschichten in Lehrbuchform, etwa die *Geschichte der Soziologie* von Volker Kruse[4], stellt in chronologischer Abfolge die wichtigsten Personen, theoretischen Strömungen und Schulen vor und zeichnet somit auch immanent die Entwicklung der Soziologie im akademischen Umfeld nach. Daneben stehen alternative Fachgeschichten, wie jene von Katharina Neef, die in *Die Entstehung der*

---

3   Vgl. Holl, Frank: Produktion und Distribution wissenschaftlicher Literatur. Der Physiker Max Born und sein Verleger. In: Archiv für Geschichte des Buchwesens 45. Hrsg. von der Historischen Kommission des Börsenvereins des Deutschen Buchhandels e.V. Frankfurt a.M.: BuchhändlerVereinigung GmbH 1996, S.1–225; vgl. auch Lembrecht, Christina: Wissenschaftsverlage im Feld der Physik. Profile und Positionsverschiebungen 1900–1933. In: Archiv für Geschichte des Buchwesens 61. Hrsg. von Monika Estermann und Ursula Rautenberg. München: K. G. Saur 2007, S.111–200.

4   Vgl. Kruse, Volker: Geschichte der Soziologie (UTB basics). 2. Aufl. Konstanz/München: UVK Verlagsgesellschaft 2012.

Soziologie aus der Sozialreform[5] kritisch den Fokus der heutigen Forschung auf die soziologischen ›Klassiker‹ hinterfragt und soziologische Publikationen als Quellenmaterial nutzt. Wenngleich der Blick aus einer abweichenden Perspektive sicherlich neue fachgeschichtliche Details für die Soziologie hervorbringen kann, bietet sich im Rahmen dieser buchwissenschaftlichen Untersuchung eine Schwerpunktsetzung auf die bekannteren Persönlichkeiten der frühen Soziologie an. Eine der Figuren, die in der Forschungsliteratur sehr stark präsent ist und mit der Institutionalisierung der Soziologie in Verbindung gebracht wird, ist der Nationalökonom und Soziologe Max Weber (1864–1920). Sein umfangreiches Werk und seine Korrespondenz wurden vollständig in einer dokumentierenden wissenschaftlichen *Max Weber-Gesamtausgabe* unter Aufsicht der Kommission für Sozial- und Wirtschaftsgeschichte der ›Bayerischen Akademie der Wissenschaften‹[6] zusammengefasst. Für die Bearbeitung und Herausgabe zeichnen unter anderem M. Rainer Lepsius und Wolfgang J. Mommsen verantwortlich, die sich in ihrer Forschung intensiv mit Max Weber beschäftigen. Unter den zahlreichen Monographien und Aufsätzen über unterschiedliche Aspekte aus Webers Werk, Schaffen und Leben als Soziologe sind besonders die Arbeiten Dirk Kaeslers[7] hervorzuheben, wie auch die von Wolfgang J. Mommsen[8]. Letztere sind jedoch kritisch zu betrachten, da der Autor dazu neigt, Webers Schaffen und Persönlichkeit stark zu idealisieren.

Dezidiert mit der Etablierung der akademischen Soziologie befassen sich sowohl Kaesler in seiner Habilitationsschrift *Die frühe deutsche Soziologie 1909 und 1934 und ihre Entstehungs-Milieus*[9] als auch Erhard Stölting in *Akademische Soziologie in der Weimarer Republik*[10]. Kaesler rekonstruiert in seiner Milieustudie die Herkunft der ersten Soziologen und bestimmt im Fol-

---

5   Vgl. Neef, Katharina: Die Entstehung der Soziologie aus der Sozialreform. Eine Fachgeschichte. Frankfurt/New York: Campus Verlag 2012.
6   Vgl. Max Weber-Gesamtausgabe. Band II/4: Briefe 1903–1905. Hrsg. von Gangolf Hübinger und M. Rainer Lepsius in Zusammenarbeit mit Thomas Gerhards und Sybille Oßwald-Bargende. Tübingen: J.C.B. Mohr (Paul Siebeck) 2015.
7   Vgl. Kaesler, Dirk: Max Weber. München: C.H. Beck 2011.
8   Vgl. Mommsen, Wolfgang J.: Die Siebecks und Max Weber. Ein Beispiel für Wissenschaftsorganisation in Zusammenarbeit von Wissenschaftlern und Verlegern. In: Geschichte und Gesellschaft 22 (1996) 1, S. 19–30.
9   Vgl. Kaesler, Dirk: Die frühe deutsche Soziologie 1909 bis 1934 und ihre Entstehungs-Milieus. Eine wissenschaftssoziologische Untersuchung (Studien zur Sozialwissenschaft 58). Opladen: Westdeutscher Verlag 1984.
10   Vgl. Stölting, Erhard: Akademische Soziologie in der Weimarer Republik (Soziologische Schriften 46). Berlin: Duncker & Humblot 1986.

genden die aktivsten und prägendsten Akteure der frühen Soziologie, die sowohl die Etablierung der Disziplin als auch die Kommunikation innerhalb der Scientific Community bestimmten. Bei seiner Analyse bezieht sich Kaesler jedoch hauptsächlich auf die Mitglieder der ›Deutschen Gesellschaft für Soziologie‹ (DGS) und ihre Teilhabe am wissenschaftlichen Diskurs. Erhard Stölting behandelt neben der Etablierung der Soziologie als wissenschaftliche Disziplin ihre wichtigsten Akteure, auch solche, die nicht Mitglied der DGS waren, und darüber hinaus die wissenschaftlichen Publikationen als Indikatoren der »institutionellen Verdichtung«[11], im Speziellen die Zeitschriften. Auch wenn die Analyse der publizistischen Entwicklung auf wissenschaftssoziologischer Ebene stattfindet, bildet sie eine wichtige Grundlage für die Untersuchung der wissenschaftlichen Zeitschriften im Rahmen des soziologischen Institutionalisierungsprozesses.

Der Untersuchung des wissenschaftlichen Buchhandels liegen die systemtheoretischen Überlegungen von Georg Jäger zugrunde, der sich wiederum auf Niklas Luhmann bezieht.[12] Jäger bietet einen theoretischen Zugang zum wissenschaftlichen Buchhandel, der die Wechselwirkung zwischen Buchhandel und Wissenschaft mit den spezifischen historischen und wirtschaftlichen Gegebenheiten verknüpft. Ebenfalls mit Wissenschaftsverlagen und der *Ware Wissenschaft* beschäftigen sich die Soziologen Uwe Schimank und Ute Volkmann in ihrem gleichnamigen Aufsatz.[13] Wenngleich Aspekte von Schimanks wissenschaftssoziologischem Erklärungsversuch ebenfalls mit der Systemtheorie verknüpft sind und somit begriffliche Anschlussmöglichkeiten bieten, fehlt in seiner Untersuchung wissenschaftlicher Verlage die dezidiert buchwissenschaftliche Perspektive. Zumal ausschließlich die aktuelle Situation der Soziologie und ihrer Verlage untersucht wird und nicht die Anfangsphase dieser Disziplin. Die Merkmale des wissenschaftlichen Verlags hat Jäger in der *Geschichte des Deutschen Buchhandels* in dem Band über das Kaiserreich herausgearbeitet, die von Ute Schneider im Folgeband zur Weimarer Republik

11 Stölting: Akademische Soziologie in der Weimarer Republik, S. 145.
12 Vgl. Jäger, Georg: Buchhandel und Wissenschaft. Zur Ausdifferenzierung des wissenschaftlichen Buchhandels (LUMIS–Schriften 26). Hrsg. von LUMIS Institut für Empirische Literatur- und Medienforschung. Siegen: [o. V.] 1990 und Luhmann, Niklas: Soziale Systeme. Grundriß einer allgemeinen Theorie (Suhrkamp Taschenbuch Wissenschaft 666). Frankfurt a. M.: Suhrkamp 1987.
13 Vgl. Schimank, Uwe/Volkmann, Ute: Die Ware Wissenschaft: Die fremdreferentiell finalisierte wirtschaftliche Rationalität von Wissenschaftsverlagen. In: Wirtschaftliche Rationalität. Soziologische Perspektiven. Hrsg. von Anita Engels und Lisa Knoll. Wiesbaden: Springer Fachmedien 2012, S. 165–183. DOI: 10.1007/978-3-531-93354-2S [12.07.2016].

nahtlos und ausführlich fortgesetzt werden[14] und in der sich Überblicksdarstellungen der wichtigsten wissenschaftlichen Verlage finden.

Von den im Folgenden näher untersuchten Verlagen wurde nur die Chronik von Mohr (Siebeck) ausführlich wissenschaftlich von Silke Knappenberger-Jans im Rahmen ihrer Dissertation *Verlagspolitik und Wissenschaft. Der Verlag J. C. B. Mohr im frühen 20. Jahrhundert*[15] aufgearbeitet. Sie befasst sich ungeschmälert mit der Verlagspolitik des wissenschaftlichen Verlags vor allem während des Ersten Weltkriegs und der Weimarer Republik. Das Werk bietet in seiner Gesamtheit nicht nur wichtige Einblicke in die allgemeine Verlagsführung, sondern auch in das wissenschaftliche Programm, die Situation während und nach dem Ersten Weltkrieg und die Beziehung zu wichtigen Verlagsautoren, zum Beispiel Max Weber.

Anders stellt sich die Situation bezüglich der Informationen über den Ferdinand Enke Verlag und Duncker & Humblot dar. Eine korrekte wissenschaftliche Aufarbeitung der Verlagsgeschichten in Form einer Monographie existiert in beiden Fällen nicht, sodass Verlagsverzeichnisse und hauseigene Publikationen über die Historie des jeweiligen Verlags als Quellen dienen. Wenngleich diese Texte von einer Tendenz zur Selbstinszenierung geprägt sind, bieten sie doch Einblicke in die Geschichte zweier renommierter Verlagshäuser.

Im Folgenden wird die Wechselwirkung von Wissenschaft und Verlag exemplarisch an einzelnen wissenschaftlichen Verlagen, ihren Publikationen und Akteuren der soziologischen Scientific Community dargestellt.

14   Vgl. Schneider, Ute: Der wissenschaftliche Verlag. In: Geschichte des deutschen Buchhandels im 19. und 20. Jahrhundert. Bd. 2: Die Weimarer Republik 1918–1933. Teil 1. Hrsg. von Ernst Fischer und Stephan Füssel. München: K. G. Saur 2007, S. 379–440.

15   Vgl. Knappenberger-Jans, Silke: Verlagspolitik und Wissenschaft. Der Verlag J. C. B. Mohr im frühen 20. Jahrhundert (Mainzer Studien zur Buchwissenschaft 13). Wiesbaden: Harrassowitz Verlag 2001.

2 DIE ENTWICKLUNG DER SOZIOLOGIE BIS 1933

Die Soziologie stand zu Beginn des 20. Jahrhunderts an ihren Anfängen und musste sich als akademische Wissenschaft zunächst noch beweisen. Sie konstituierte sich aus anderen sozial- und geisteswissenschaftlichen Disziplinen, wie zum Beispiel der Philosophie, der Nationalökonomie und der Rechts- und Staatslehre. Viele Persönlichkeiten, die heute zu den Soziologen gezählt werden, sahen sich selbst trotz ihrer Beiträge zu dem Gebiet in der Tradition anderer Fachrichtungen. Eine frühe Disziplingeschichte ergibt sich somit vor allem aus der Rekonstruktion verschiedener Diskurse, die im Laufe des 19. und 20. Jahrhunderts auf dem Gebiet der Sozialwissenschaften geführt wurden.[16] Die ›moderne‹ Soziologie, wie sie heute im akademischen Bereich vor allem gelehrt wird, »ist keineswegs Ergebnis einer konsequenten Entwicklung.«[17] Gerade weil das Fach im Vergleich zu anderen Disziplinen noch nicht lange institutionalisiert ist, finden sich verschiedene Ansätze in der Geschichte der Soziologie, sowohl in den akademischen Lehrbüchern als auch in der Forschungsliteratur. Trotzdem lassen sich die Anfänge der Soziologie als Wissenschaft auf einen Konsens von gewissen Ereignissen, Personen und kultureller und politischer Umstände vereinen. Zugleich überspannte das Wirken vieler Akteure und die Entwicklung dieser jungen Disziplin die Zeit des Deutschen Kaiserreichs, des Ersten Weltkriegs und der Weimarer Republik, sodass eine Einteilung in Epochen nur dabei helfen kann, gewisse Entwicklungslinien sinnvoll darzustellen, jedoch nicht als absolut anzusehen ist.

---

16 Vgl. Gerhardt, Uta: Soziologie im zwanzigsten Jahrhundert, Studien zu ihrer Geschichte in Deutschland. Stuttgart: Franz Steiner Verlag 2009, S. 9.
17 Ebd., S. 9.

2.1 Die Anfänge der Soziologie im 19. Jahrhundert

Der Begriff »Soziologie« wurde von Auguste Comte (1798–1857) geprägt und fand sich 1838 zum ersten Mal in seinen Schriften. Der Neologismus setzt sich aus dem lateinischen Wort »socius«, Gefährte oder Mitmensch, und dem griechischen Begriff »logos«, was so viel wie Wahrheit, Lehre und Wissenschaft heißt, zusammen.[18] Auguste Comte kann als Gründervater der Soziologie im Sinne einer Gesellschaftswissenschaft angesehen werden.[19] Diesem Konzept war die Idee der Aufklärung im 18. Jahrhundert vorausgegangen. Sie erhob die Vernunft »zur entscheidenden Instanz zur Beurteilung bestehender Zustände« und stellte das Stände- und Feudalwesen, welches die Gesellschaft spaltete, in Frage.[20] Philosophen wie Immanuel Kant und Jean-Jaques Rousseau trieben die Aufklärung voran und 1789 mündete diese Idee in die Französische Revolution.[21] Zugleich stand Europa am Beginn der Industriellen Revolution, in deren Folge sich durch Nutzung der Dampfkraft neue Produktionsweisen und Arbeitsformen etablierten und die Gesellschaft mit dem Beruf des Arbeiters konfrontiert wurde, welchen es im alten Ständesystem nicht gegeben hatte.[22]

Auguste Comte stand unter dem Einfluss einer postrevolutionären Gesellschaft, in der naturwissenschaftliche Bildung befreit von Theologie und Philosophie gelehrt wurde. Er entwickelte eine »positive Politik, sein Synonym für Soziologie«[23], die mit Beobachtungsmethoden, welche sich an den exakten Naturwissenschaften orientierten, die Gesetzmäßigkeiten in einer Gesellschaft aufzeigen sollte. Damit beschrieb er einen neuen industriellen Gesellschaftstypus, der die Vorherrschaft von Kirche und Militär ablöste. Die neue Gesellschaftswissenschaft ›Soziologie‹ sollte mit Hilfe der Wissenschaftsmethode des »Positivismus« die industrielle Gesellschaft steuern. Der Positivismus stütze sich einzig auf die wertfreie Beobachtung von Tatsachen, um Gesetzmäßigkeiten in der Gesellschaft zu erkennen, wie es in den Naturwissenschaften bereits praktiziert wurde. Er wurde als Methode und

---

18 Vgl. Schäfers, Bernhard: Einführung in die Soziologie. Wiesbaden: Springer Fachmedien 2013, S. 19.

19 Vgl. Kruse: Geschichte der Soziologie, S. 17.

20 Ebd., S. 18.

21 Vgl. Schäfers: Einführung in die Soziologie, S. 23.

22 Vgl. ebd., S. 24.

23 Korte, Hermann: Einführung in die Geschichte der Soziologie (Einführungskurs Soziologie 2). 9., durchgesehene Aufl. Hrsg. von Hermann Korte und Bernhard Schäfers. Wiesbaden: VS Verlag für Sozialwissenschaften 2011, S. 33.

Denkweise konzipiert, von Comte aber zu einer kompletten Weltanschauung fortgeführt, die sich zu einer Art säkularer Religion auswuchs.[24]

Als zweite Gründungsgestalt der Soziologie gilt Herbert Spencer (1820–1903), der wie Auguste Comte keine universitäre Position erlangte und vor allem als Privatgelehrter seine Thesen entwickelte. Er beschrieb eine Gesellschaft, in der sich nur die Stärksten und Tüchtigsten in einem »Kampf ums Dasein«[25] durchsetzen. Spencer vergleicht dabei die Gesellschaft mit einem Organismus, der beständig wächst und in dem einzelne Teile unterschiedliche Funktionen haben, die in Abhängigkeit zueinander stehen. Die Idee einer Gesellschaft aus einzelnen Elementen, die jeweils ihren Teil zum großen Ganzen beitragen, wurde zur Basis des »Funktionalismus«, einer Theorieströmung der Soziologie.[26]

Im späten 19. Jahrhundert etablierte sich die Soziologie in Frankreich als universitäre Wissenschaft. Eine wichtige Persönlichkeit in dieser Phase der Entwicklung war Emile Durkheim (1858–1917).[27] Seit 1887 lehrte er Erziehungswissenschaften an der Universität in Bordeaux, wechselte dort jedoch 1896 auf den für ihn eingerichteten Lehrstuhl für Pädagogik und Sozialwissenschaft und begründete somit die Sozialwissenschaft als Universitätsfach.[28] Durkheim und seine Schüler waren davon überzeugt, dass die Soziologie eine Verbesserung in der Gesellschaft bringen sollte. Sie müsse eine Moral schaffen, die zugleich wissenschaftlichen Anforderungen genüge.[29] Durkheim postulierte den Begriff des »sozialen Tatbestands«. Zu den sozialen Tatbeständen zählen Sitten und Bräuche, die Normen einer Gesellschaft, das Recht und die Moral. Es handelt sich um »kollektive Vorstellungen und Gedankenbildungen«[30], die unabhängig von einem einzelnen Individuum bestehen und Menschen zu einer Gemeinschaft zusammenführen. Die sozialen Tatbestände, »besondere Arten des Handelns, Denkens und Fühlens«[31], sind schließlich die spezifischen Gegenstände, welche in der Soziologie als Wissenschaft untersucht werden. Durkheims Lehre zeichnete sich dadurch aus, sowohl eine adäquate »Wissenschaft des Sozialen«[32] geschaffen und akademisch etabliert, als auch eine Morallehre der Gesellschaft entwickelt zu haben.

24   Vgl. Kruse: Geschichte der Soziologie, S. 32–38.
25   Ebd., S. 41.
26   Vgl. ebd., S. 38–43.
27   Vgl. ebd., S. 76.
28   Vgl. Korte: Einführung in die Geschichte der Soziologie, S. 68.
29   Vgl. Kruse: Geschichte der Soziologie, S. 77.
30   Ebd., S. 78.
31   Ebd., S. 78.
32   Korte: Einführung in die Geschichte der Soziologie, S. 74.

Auch in den USA entstand eine frühe Soziologie, die sich aus den historischen und kulturellen Gegebenheiten heraus anders entwickelte als die europäische. Begründet durch den aufklärerischen Anspruch an die Volkssouveränität herrschte ein Fortschrittsoptimismus und die dominante philosophische Strömung wurde als »Pragmatismus« bezeichnet. Die theoretische Reflexion sollte sich auf praktische Probleme beziehen, die Wahrheit hing nicht nur von einer theoretischen Beweisführung ab, sondern von einem Erfolg in der Praxis.[33] 1892 wurde in Chicago das Department of Sociology gegründet, wo dem Pragmatismus folgend einzelne soziale Probleme und Phänomene stärker untersucht wurden als theoretische Gebilde, wie es in Europa üblich war.[34]

Die europäische Soziologie erwuchs aus dem sozialen Wandel, der mit der Doppelrevolution Ende des 18. Jahrhunderts einherging und das gesamte 19. Jahrhundert andauerte. Die zunehmende Rationalisierung und Verwissenschaftlichung der Lebensbedingungen, begünstigt durch neue Techniken in der Wirtschaft und in den Naturwissenschaften, war eine Ursache des sozialen Wandels in der Gesellschaft. Dadurch bedingt wuchsen die Städte, und die Lebensweisen ganzer Bevölkerungsschichten änderten sich. Dieser soziale Wandel im 19. Jahrhundert stellte den Rechtsstaat vor Herausforderungen, da neben dem wirtschaftlichen und technologischen Fortschritt auch die Zunahme und Konzentration elender Lebensumstände auf geographisch engsten Raum deutlich hervortraten. Diese »Soziale Frage« beschäftigte die Sozialpolitik ebenso wie die Soziologie.[35]

2.2 Soziologie im Kaiserreich

Im Vergleich zu Frankreich und den USA entwickelte sich die Soziologie als Wissenschaft in Deutschland später. Im 18. Jahrhundert hatte sich die deutsche Kultur und Philosophie an der französischen orientiert, auch der Geist der Französischen Revolution war von Intellektuellen in Deutschland teilweise positiv aufgenommen worden. Während der Kriege gegen Napoleon und der französischen Besatzung bis 1815 entstand jedoch eine antifranzösische Haltung, die bis in das 20. Jahrhundert anhielt.[36] Das Selbstverständnis deutscher Intellektueller führte zu der Entstehung eines »deutschen Geists«, der

---

33 Vgl. Kruse: Geschichte der Soziologie, S. 104.
34 Vgl. ebd., S. 107.
35 Vgl. Schäfers: Einführung in die Soziologie, S. 26f.
36 Vgl. Kruse: Geschichte der Soziologie, S. 121.

»romantisch, teilweise antirationalistisch und skeptisch gegenüber der entstehenden Moderne«[37] eingestellt war. Vor diesem Hintergrund konnte die Soziologie, die von Comte und Spencer geprägt worden war, nicht problemlos bestehen. Einer der ersten, der die Soziale Frage und den französischen Frühsozialismus in Deutschland bekannt machte, die Idee eines Sozialstaats prägte und soziologische Themen aufgriff, war Lorenz von Stein (1815–1890).[38]

Die Probleme der deutschen Soziologie, sich als eigenständiges Fach zu etablieren, zeigen sich auch an dem deutschen Soziologen Ferdinand Tönnies (1855–1936). Er studierte Philosophie und Geschichte und habilitierte sich 1881 in Kiel. Sein Hauptwerk *Gemeinschaft und Gesellschaft* erschien bereits 1887, wurde jedoch von der wissenschaftlichen Öffentlichkeit zunächst nicht rezipiert. Erst mit der zweiten Auflage 1912 erfuhr das Werk größere Beachtung und wurde bis 1935 achtmal aufgelegt. Tönnies unternahm in dem Text den Versuch, die zentralen Forschungsfelder der Soziologie zu definieren und ihren akademischen Anspruch zu begründen, erfuhr aber in der Wissenschaftlergemeinde der Philosophen eine Ablehnung gegenüber seiner Soziologie-Vorstellung. In der zweiten Auflage änderte er den Untertitel des Werks von *Abhandlung des Communismus und des Sozialismus als empirische Kulturformen* in *Grundbegriffe der reinen Soziologie*. Damit trug er den philosophischen Fakultäten in Deutschland Rechnung, welche der Untersuchung aktueller und politischer Strömungen ablehnend gegenüberstanden.[39] Die Soziologie blieb in den Augen der Zeitgenossen vornehmlich eine philosophische Disziplin, die sich den Geisteswissenschaften unterordnen musste.[40] Dennoch engagierte sich Tönnies in der Etablierung einer deutschen akademischen Soziologie als eigenständige Disziplin. Er lehrte ab 1912 in Kiel Nationalökonomie, Statistik und Soziologie und war Vorsitzender der DGS.[41] Die Begriffe »Gemeinschaft« und »Gesellschaft«, wie sie von Tönnies definiert wurden, entwickelten sich zu wichtigen Bestandteilen der nationalen und internationalen Soziologie. Zugleich wurden sie auch von den Nationalsozialisten vereinnahmt, obgleich sich Tönnies, der noch 1930 in die SPD eingetreten war, klar von der nationalsozialistischen Ideologie abgrenzte.[42]

---

37   Kruse: Geschichte der Soziologie, S. 121.
38   Vgl. ebd., S. 122.
39   Vgl. Korte: Einführung in die Geschichte der Soziologie, S. 80.
40   Vgl. ebd., S. 85.
41   Vgl. Kruse: Geschichte der Soziologie, S. 122.
42   Vgl. Korte: Einführung in die Geschichte der Soziologie, S. 85.

Eine weitere Persönlichkeit, die versuchte, die Soziologie im akademischen Rahmen zu etablieren, war Georg Simmel (1858–1918), Sohn jüdischer Eltern, die zum Christentum konvertiert waren. Er studierte in Berlin zuerst Geschichte bei Theodor Mommsen, wechselte dann jedoch über die Völkerpsychologie zur Philosophie. Nach seiner Habilitation 1884 im Fach Philosophie lehrte er bis 1914 als Privatdozent, bis er vier Jahre vor seinem Tod einem Ruf an die Universität Straßburg folgte. Wie Tönnies vor ihm, wollte Simmel die Soziologie als eigenständige Disziplin etablieren, obgleich er sie in die anderen Geisteswissenschaften eingebunden und nicht als alleinstehende Generaldisziplin sehen wollte. Für ihn war die Soziologie sowohl eine eigenständige Wissenschaft, die sich mit gegen andere Fachbereiche abgegrenzten Forschungsgegenständen befasste, als auch eine Methode der Geschichts- und Geisteswissenschaften.[43] 1908 erschien Tönnies Werk *Soziologie*, in dem er sein Konzept der Gesellschaftswissenschaft vorstellte und sich gegen die Vorstellung der Soziologie des 19. Jahrhunderts als bloße Wissenschaft der geschichtlichen Prozesse richtete. Laut Simmel sind in der Geschichte keine Gesetze auffindbar und sie bewegt sich auf kein bestimmtes Ziel zu, anders als es etwa Comte und Spencer zuvor beschrieben hatten.[44]

Als Privatdozent erfreute sich Simmel großer Beliebtheit, da er nicht nur historische Problemstellungen, sondern auch Alltagsphänomene untersuchte, zum Beispiel die Großstadt, die Soziologie der Konkurrenz, die Psychologie der Mode und die Philosophie des Geldes.[45] Zugleich lehnte ihn die vorherrschende akademische Philosophie wegen seiner neuen Theorien und unkonventionellen Denkweise bei einer gleichzeitig erfolgreichen Lehre ab. Hinzu kamen antisemitische Ressentiments, die sowohl in Berlin als auch bei einer gescheiterten Berufung nach Heidelberg eine Rolle spielten.[46] Gänzlich anders wurden Georg Simmels Theorien bei den zeitgenössischen Soziologen aufgenommen. Manche seiner Werke wurden bereits in andere Sprachen übersetzt, bevor sie überhaupt auf Deutsch erschienen. Er wurde von seinen Zeitgenossen sowohl als Soziologe, wie auch als Philosoph wahrgenommen, da er sich vor allem von 1890 bis 1900 der Soziologie widmete und danach verstärkt zu seinem ›eigentlichen‹ Fach zurückkehrte.[47]

---

43 Vgl. ebd., S. 86f.
44 Vgl. ebd., S. 129f.
45 Vgl. ebd., S. 128.
46 Vgl. Korte: Einführung in die Geschichte der Soziologie, S. 87.
47 Vgl. Kruse: Geschichte der Soziologie, S. 128.

Eine weitere Disziplin, aus der sich die Soziologie entwickelte, war die Nationalökonomie. So stammten beispielsweise Werner Sombart, Max und Alfred Weber oder Franz Oppenheimer ursprünglich aus den Wirtschaftswissenschaften.[48] Sie wurden wie andere deutsche Geistes- und Sozialwissenschaften bis in die 1870er Jahre hinein vom Historismus geprägt. Über die Methode des Historismus entstand in den 1880er Jahren ein Methodenstreit in der Nationalökonomie. Die historische Schule bestand, in Opposition zum Positivismus, auf dem »Wesensunterschied [...], der für die Sozial- und Kulturwissenschaften eine prinzipiell andere Methode als für die Naturwissenschaften«[49] erfordere und wurde von Gustav Schmoller angeführt. Während Schmoller die ›klassische‹ Nationalökonomie kritisierte, die durch Abstraktion und logische Deduktion allgemeingültige wirtschaftliche Gesetze ableitete, warf sein Kritiker Carl Menger wiederum der historischen Schule eine Ignoranz gegenüber anderen Forschungsrichtungen und eine Vernachlässigung der politischen Ökonomie vor.[50] Dieser Methodenstreit zwischen der theoretisch und der historisch orientierten Fraktion der Nationalökonomie wurde zwar vordergründig beigelegt, beschäftigte die Wirtschaftswissenschaftler jedoch weiterhin, wenngleich der Historismus aufgrund von Schmollers großem Einfluss dominierte.[51]

Im Kern stellte sich die Frage nach der Anwendbarkeit naturwissenschaftlicher Denkmodelle und Methoden auf geschichtliche und gesellschaftliche Forschungsfelder. Während die Vertreter der historischen Schule auf einer Trennung von Natur- und Geisteswissenschaften beharrten, suchte eine jüngere Generation, darunter Max Weber, nach neuen Konzepten, um Theorie und Geschichte miteinander zu verbinden.[52]

Es wird deutlich, dass die Soziologie im 19. Jahrhundert im akademischen Sinne noch nicht existierte. Die ›Soziologen‹ dieser Zeit stammten aus den Geschichtswissenschaften, der Philosophie oder der Nationalökonomie, wenngleich sie sich in ihrer Forschung soziologischen Themen widmeten.

---

48 Vgl. Kruse, Volker: Von der historischen Nationalökonomie zur historischen Soziologie. Ein Paradigmenwechsel in den deutschen Sozialwissenschaften um 1900. In: Zeitschrift für Soziologie 19 (1990) 3, S.149–165, hier S.149. URL: http://www.digizeitschriften.de/dms/resolveppn/?PID=PPN345575229_0019|log61 [05.07.2016].

49 Ebd., S.150.

50 Vgl. Kruse, Volker: Soziologie und »Gegenwartskrise«. Die Zeitdiagnosen Franz Oppenheimers und Alfred Webers. Wiesbaden: Deutscher Universitätsverlag 1990, S.59f.

51 Vgl. ebd., S.63.

52 Vgl. Kruse: Von der historischen Nationalökonomie zur historischen Soziologie, S.154.

Der Begriff ›Soziologie‹ selbst wurde nicht einheitlich und in verschiedenen Zusammenhängen genutzt, häufig sprach man verallgemeinernd von der ›Sozialwissenschaft‹.[53] Erst im 20. Jahrhundert differenzierten sich die Begriffe voneinander, die Sozialwissenschaft wurde zu einer »Sammelbezeichnung für verschiedene Disziplinen und Soziologie der Name einer Disziplin«[54].

2.3 Die Institutionalisierung der Soziologie ab 1900

Ab 1900 begann die Institutionalisierung der Soziologie voranzuschreiten. Der Widerstand der alteingesessenen wissenschaftlichen Disziplinen der Geistes- und Kulturwissenschaften hatte diese Entwicklung im Vergleich zu Frankreich oder den USA verzögert.

Eine Rolle im Institutionalisierungsprozess spielten neben der DGS, die 1909 gegründet wurde, der bereits seit 1873 bestehende ›Verein für Socialpolitik‹ (VfS). Auf ihren Fachtagungen formulierten die Mitglieder des Vereins ein Konzept für eine einzelwissenschaftlichen Disziplin und brachten es gedanklich voran.[55] Neben den Tagungsberichten und Schriften der Gesellschaften waren es auch wissenschaftliche Publikationen wie Fachzeitschriften und Monographien, die sich innerhalb der Geistes- und Sozialwissenschaften verbreiteten und soziologische Themen etablierten, wie nachfolgend in Kapitel 5 und 6 beschrieben wird.[56] Nach 1905 gab es eine »Häufung von Vereins- und Zeitschriftengründungen mit ›Soziologie‹ im Titel«[57], auch als bewusste Abgrenzung zu dem allgemeineren Begriff ›Sozialwissenschaften‹.

Der wichtigste Schritt für die Soziologie war jedoch eine Etablierung an den Universitäten. Bereits um 1890 gab es Vorlesungen, die sich der »sozialen Frage, dem Sozialismus und soziale[n] Vorgängen in der Geschichte«[58] widmeten, doch waren es Nationalökonomen und Historiker, die »sich der neuen Disziplin in der Lehre frühzeitig annahmen.«[59] Vorlesungen zu sozialwissenschaftlichen und soziologischen Aspekten wurden im 19. Jahrhundert »an vielen deutschen Hochschulen regelmäßig und von verschiedenen

---

53 Vgl. Neef, Katharina: Die Entstehung der Soziologie aus der Sozialreform, S.23.
54 Ebd., S.23.
55 Vgl. Kaesler: Die frühe deutsche Soziologie 1909 bis 1934, S.294.
56 Vgl. ebd., S.149.
57 Neef: Die Entstehung der Soziologie aus der Sozialreform, S.23.
58 Oestreich, Gerhard: Die Fachhistorie und die Anfänge der sozialgeschichtlichen Forschung in Deutschland. In: Historische Zeitschrift 208 (1969), S.320–363, hier S.332.
    URL: http://www.digizeitschriften.de/dms/resolveppn/?PID=PPN331411849_0208|LOG_0029 [05.07.2016].
59 Ebd., S.336.

Hochschullehrern angeboten«[60], jedoch nur als Teil jeweils anderer Disziplinen. Die ersten ordentlichen Ordinarien für das Fach Soziologie etablierten sich allmählich nach dem Ersten Weltkrieg.

Die Jahre nach dem Krieg und die sozialen und politischen Umstände in der Weimarer Republik beförderten indirekt den Aufstieg der Soziologie.[61] Der Krieg hatte mit einer neuen Dimension der Gewalt und der Kriegsführung die Menschen erschüttert und traumatisiert. Hinzu kamen das Inflationsjahr 1923 und die Weltwirtschaftskrise 1929, die eine Welle der Arbeitslosigkeit und einen drastischen Rückgang des Bruttosozialprodukts zur Folge hatten. Unruhen und »eine kollektive Depression im Bürgertum«[62] belasteten die Gesellschaft und das Demokratieverständnis in der Weimarer Republik. Zu diesen wirtschaftlichen Umständen kamen neue gesellschaftliche Phänomene, zum Beispiel die gesellschaftliche Gruppe der Angestellten, die seit dem Ende des 19. Jahrhunderts stetig wuchs. Sie waren keine Arbeiter, gehörten aber auch nicht dem Bürgertum an. Damit wurde das klassische marxsche Konzept der Klassengesellschaft aus dem 19. Jahrhundert in Frage gestellt. Die neuen Bedingungen des Arbeitsmarktes spiegelten sich auch in der modernen Sozialpolitik wieder, mit deren Hilfe etwa Tarifvertragssysteme für Arbeitnehmer eingeführt wurden.[63] Die Gesellschaft befand sich in einer wirtschaftlichen Krise und das Selbstverständnis ganzer Bevölkerungsschichten wurde erschüttert. In dieser Situation sahen viele intellektuelle Zeitgenossen die Soziologie als Mittel zur »Überwindung der geistigen und gesellschaftlichen Krise«[64] und Stärkung der jungen Demokratie an. Franz Oppenheimer wurde 1918 nach Frankfurt am Main berufen, ihm folgten 1919 Leopold von Wiese in Köln und 1925 Hans Freyer in Leipzig auf Lehrstühle der Soziologie. Logische Konsequenz der heterogenen Entstehungsgeschichte dieser Schulen war, dass sich die Lehrmeinungen dieser verschiedenen Schulen in ihrem Soziologieverständnis unterschieden.[65] Bis 1933 gab es fünfzehn Lehrstühle, die mit dem Zusatz ›Soziologie‹ bezeichnet waren. Exklusiv beschäftigten sich sechs Lehrstühle mit Soziologie, namentlich die Universitäten in Berlin, Frankfurt, Hamburg und Leipzig, die Technische Hochschule Braunschweig und die Handelshochschule Nürnberg. Zu wich-

---

60   Neef: Die Entstehung der Soziologie aus der Sozialreform, S. 23.
61   Vgl. Kruse: Geschichte der Soziologie, S. 165.
62   Ebd., S. 156.
63   Vgl. ebd., S. 157.
64   Ebd., S. 157.
65   Vgl. Neef: Die Entstehung der Soziologie aus der Sozialreform, S. 23.

tigen Zentren der Soziologie zählten zudem Heidelberg und Münster. Andere Universitäten beschäftigten außerordentliche oder Honorarprofessoren und Privatdozenten, sodass bis 1933 an 25 Hochschulen soziologische Forschungsbereiche betreut wurden.[66] Im süddeutschen Raum gab es mit wenigen Ausnahmen keine soziologischen Lehrstühle, auch nicht an den wichtigen Universitäten in Freiburg, Würzburg oder München.[67]

Die Soziologie hatte sich zwar von der Nationalökonomie abgegrenzt, musste sich jedoch häufig einen Lehrstuhl mit der Volkswirtschaftslehre teilen. Aus dem zweiten Entwicklungsstrang kommend, wurde die Soziologie oft als Vehikel der Philosophie gesehen und deshalb in den jeweiligen Prüfungsordnungen als Nebenfach oder Teil des Hauptfaches abqualifiziert.[68] Die DGS setzte sich für die Zulassung der Soziologie als ordentliches Wahl-Pflichtfach und ordentliches Haupt- und Promotionsfach ein, forderte mehr Lehrstühle für das Fach und deren Besetzung mit Soziologen. Die Forderungen der DGS wurden 1928 sogar durch einen Beschluss des preußischen Landtags offiziell zu einer Aufgabe der Politik erhoben. Diese Entwicklung deutet zugleich auf das erstarkte Selbstbewusstsein der Soziologengesellschaft hin, welches mit der fortgeschrittenen Etablierung der Soziologie als akademische Wissenschaft einherging.[69] Während des Institutionalisierungsprozesses wurde die Lehre an den Hochschulen unterschiedlich verstanden und umgesetzt. So beschrieb Karl Mannheim drei »Gestaltungen«, in denen Soziologie an den Universitäten gelehrt wurde und die zusammen den Konsens einer Wissenschaft bildeten; zum Beispiel als Spezialwissenschaft, die sich der Vergesellschaftung und Vergesellschaftungsformen – beispielsweise Kampf, Freundschaft, Familie, Schichten, Klassen oder Nationen – widmete. Bei dem zweiten Arbeitsgebiet handelte es sich um die »angewandten« Soziologien, darunter die Wirtschaftssoziologie, die Rechtssoziologie und die Sprachsoziologie. Hier wirkte die Soziologie als Methode innerhalb diverser Einzeldisziplinen und bot auch den Wissenschaftlern Anknüpfungspunkte, welche dem Fach als Einzelwissenschaft kritisch gegenüberstanden. Die dritte »Gestaltung« war die Kultursoziologie, die als Lehre der Kulturgeschichte und vom Zusammenhang der Entstehung der kulturellen Einzelgebiete ihre Legitimation erhielt.[70] Dabei taten sich zwei sozio-

---

66 Vgl. Stölting: Akademische Soziologie in der Weimarer Republik, S.106.
67 Vgl. Kaesler: Die frühe deutsche Soziologie 1909 bis 1934, S.299.
68 Vgl. Stölting: Akademische Soziologie in der Weimarer Republik, S.237f.
69 Vgl. ebd., S.239, siehe auch Anmerkung 48.
70 Vgl. ebd., S.240–242.

logische Hauptrichtungen hervor. Einerseits war dies die systematische Soziologie, die sich an Simmels Konzept einer formalen Soziologie orientierte. Zu Vertretern dieser »Schule« gehörten unter anderem Leopold von Wiese, Alfred Vierkandt und Ferdinand Tönnies.[71] Das zweite Konzept verfolgte die historische Soziologie, die sich »im Sinne Max Webers als geschichtlich ausgerichtete Disziplin«[72] verstand, und der Werner Sombart, Alfred Weber oder Franz Oppenheimer folgten.

Zum Ende der Weimarer Republik hatte sich die Soziologie zu einer Einzelwissenschaft herausgebildet, deren Mitglieder für die Ausweitung und Anerkennung der Lehre selbstbewusst eintraten. An diversen Hochschulen wurde das Fach, welches sich von der Philosophie und der Nationalökonomie emanzipiert hatte, nun als Einzeldisziplin gelehrt. Dabei gab es keine einheitliche Fachrichtung, nach der die Soziologen ihre Arbeiten ausrichteten, doch konnten die verschiedenen Facetten der Soziologie jeweils ihren Teil zu der Etablierung des Faches beitragen. Neben den Lehrstühlen waren es auch die DGS und in geringerem Umfang der VfS, die zu der Institutionalisierung der Soziologie in Deutschland beitrugen. Wenngleich viele Soziologen zu diesem Zeitpunkt aus einer anderen wissenschaftlichen Disziplin stammten und teilweise höchst unterschiedliche Auffassungen von dem Begriff ›Soziologie‹ vertraten, bildeten sie eine Gemeinschaft innerhalb der Wissenschaft, die durch Institutionen und Medien miteinander verbunden war.

71 Vgl. Kruse: Geschichte der Soziologie, S.166f.
72 Ebd., S.167.

3 DIE »SCIENTIFIC COMMUNITY« UND (SOZIAL-)WISSENSCHAFTLICHE VERLAGE

Parallel zu der Etablierung der Soziologie als akademische Wissenschaft wuchs auch die Gruppe derer, die sich als Soziologen und Kollegen innerhalb einer wissenschaftlichen Gemeinschaft ansahen. Solche Wissenschaftsgemeinden oder »Scientific Communities« beschreibt Georg Jäger als »durch Ausbildung und Abschlüsse definierte Personengruppen«[73], die als Expertengruppe über ein Spezialwissen verfügen, das andere nicht haben. Dieses Monopol auf Spezialwissen gründet vor allem in der akademischen Ausbildung, die dem Wissenschaftler eine gewisse Autorität auf seinem Fachgebiet zusichert.[74] Über die Zugehörigkeit einzelner Akteure zur Community entscheiden die Mitglieder der Wissenschaftsgemeinde selbst. Zur positiven Beurteilung und Einordnung wissenschaftlicher Kompetenz bedarf es deswegen der institutionellen Mechanismen in Form von akademischen Abschlussgraden. Dieser Kompetenznachweis gilt als Selektionsmechanismus für die Community und das System wissenschaftlicher Kommunikation.[75]

3.1 Der Titel des Universitätsprofessors als Reputationsmerkmal für Wissenschaftler

Wissenschaftliche Forschung wurde im 19. Jahrhundert zu einer eigenständigen Profession, die an den Universitäten und Hochschulen ihr vornehmliches Wirkungsfeld hatte. Wie Rüdiger vom Bruch in seinem Werk *Gelehrtenpolitik, Sozialwissenschaften und akademische Diskurse in Deutschland im*

---

73   Jäger: Buchhandel und Wissenschaft, S. 8.
74   Vgl. Ben-David, Joseph: The Profession of Science and its Powers. In: Minerva Vol. 10 (Juli 1972) No. 3., S. 362–383, hier S. 362.
75   Vgl. Weingart, Peter: Wissenschaftssoziologie (Einsichten. Themen der Soziologie). Bielefeld: transcript Verlag 2003, S. 33.

19. und 20. Jahrhundert beschreibt, wurde mit der Gründung der Berliner Universität 1810 eine »neuhumanistisch-idealistische[] Bildungskonzeption«[76] eingeführt, die sich vom praxisorientierten Ausbildungsbezug der damaligen Landesuniversitäten entfernte. In der Folge entwickelte sich der Wissenschaftsbetrieb kontinuierlich mit der Diversifikation neuer und bestehender Disziplinen und der Neugründung und Umgestaltung von Seminaren und Instituten weiter. Diese Entwicklungen zogen hochschulpolitische Reformforderungen an die Hochschulverfassungen nach sich. Zum einen ging es um die Stellung der Universitäten in den Einzelstaaten, später im Kaiserreich, und in der Gesellschaft, vor allem um die korporative Autonomie und Lehrfreiheit.[77] Zum anderen entwickelte sich Kritik an dem Ordinariatsprinzip der Universitäten, besonders die »soziale und korporationsrechtliche Benachteiligung der ›inoffiziellen Universität‹«[78] wurde immer stärker sichtbar. Privatdozenten, außerordentliche und Honorarprofessoren wurden wesentlich schlechter besoldet, hatten kein aktives oder passives Wahlrecht und keine Stimme im Senat und in den Fakultäten. Wenngleich die Ordinariate nicht maßgeblich vermehrt wurden, stieg zwischen 1886 und 1912 die Zahl der Extraordinarien und der Habilitationen stark an. Auch die Gesamtzahl der Studenten wuchs in diesen Jahren um 96,6 Prozent und führte zu einem Anstieg an akademischem Nachwuchs, der nur mit großer Mühe und unzureichenden Aufgaben an den Universitäten untergebracht werden konnte. Ab 1900 begannen sich die Nicht-Ordinarien zu organisieren, um ihrer »kleinen sozialen Frage«[79], wie Karl Lamprecht sie benannte, entgegen zu treten. Diese Bewegungen stießen jedoch bei den konservativen Eliten der Universitäten auf Widerstand.[80]

Zugleich handelte es sich bei dieser Kontroverse über die Beachtung von Nicht-Ordinarien auch um die Anerkennung von wissenschaftlichen Leistungen. Ein Universitätsprofessor galt als anerkannter Wissenschaftler und sein Aufgabenbereich umfasste neben der Lehre explizit die Forschung, die er als Teil seines Berufsbildes ausführte. Das Recht, als ordentlicher Professor an einer Universität zu lehren, wurde somit zu einem Anerkennungszeichen

---

76   Vom Bruch, Rüdiger: Gelehrtenpolitik, Sozialwissenschaften und akademische Diskurse in Deutschland im 19. und 20. Jahrhundert. Hrsg. von Björn Hofmeister und Hans-Christoph Liess. Stuttgart: Franz Steiner Verlag 2006, S.186.
77   Vgl. ebd., S.186f.
78   Ebd., S.188.
79   Ebd., S.193.
80   Vgl. ebd., S.196.

des seriösen und akzeptierten Wissenschaftlers. Im Gegensatz dazu lehrte
etwa ein Privatdozent oder ein außerordentlicher Professor an der Universität, erhielt aber ein kleines oder gar kein Gehalt und bekam nur den Beitrag, den seine Hörer für die Vorlesungen entrichteten. Seine Forschungen
musste er privat und ohne akademische Förderung betreiben.[81] Vor diesem
Hintergrund wird deutlich, weshalb sich Georg Simmel mehrmals auch mit
der Unterstützung seiner Kollegen um eine Berufung als Professor bemühte. Der bezahlte Wissenschaftler stand in seiner Reputation über dem ›Ama-
teur‹, selbst wenn sich dieser habilitiert hatte.[82]

3.2 Die Scientific Community als Kontrollinstanz für Wissenschaftlichkeit

Die Scientific Community setzt sich folglich aus den Spezialisten ihres Fachs
zusammen, die ihre Expertise aus der akademischen Reputation gewinnen.
Zugleich beeinflusst wiederum die Community wissenschaftliches Arbeiten und die Forschung. So generiert sich der professionelle Charakter wissenschaftlichen Arbeitens aus der Wechselwirkung zwischen den Prozessen
der Scientific Community und der Forschungsarbeit als bezahltem Beruf.[83]
Die Wissenschaftsgemeinde reguliert sich selbst, indem sie ihre Kompetenz
nutzt, um die Ergebnisse der Forschung auf ihrem eigenen Feld zu bewer-
ten. Dieses »peer review«-System, also die Begutachtung durch Gleichran-
gige, ist ein effektiver Selbststeuerungsmechanismus. Innerhalb der Community steht die peer review für die Verlässlichkeit und Wechselseitigkeit
der wissenschaftlichen Kommunikation, gegenüber der Öffentlichkeit schafft
das System Vertrauen in die Zuverlässigkeit der Forschung.[84] Den »leading
members«[85] der Community wird in diesem System die Erfahrung zugespro-
chen, andere Mitglieder der Gemeinde in Bezug auf ihre wissenschaftlichen
Arbeiten kompetent einzuschätzen.

Dies galt mit Einschränkungen für die frühen Soziologen. Die Historiker, Philosophen und Nationalökonomen, die als Soziologen wirkten, waren
als Zeitgenossen oder als konkrete Mitglieder des universitären Lehrkörpers
von den Konflikten an den Hochschulen und der Nicht-Ordinarienregelung
teilweise selbst betroffen. Sie stammten aus bereits voll ausgebildeten Scientific Communities, die im Zuge der Selbstregulierung die aufkeimende sozio-

---

81   Vgl. Ben-David: The Profession of Science, S. 369f.
82   Vgl. ebd., S. 367.
83   Vgl. ebd., S. 373.
84   Vgl. Weingart: Wissenschaftssoziologie, S. 24f.
85   Ben-David: The Profession of Science, S. 382.

logische Forschung zu kontrollieren versuchten, um »das eigene Territorium [...] gegen die Einebnung des Unterschiedes von Wissenschaftlern und Laien zu schützen.«[86] Andererseits befand sich die Soziologie in ihrer Entstehungsphase, die Institutionalisierung an den Universitäten war noch nicht abgeschlossen. Die Soziologen bemühten sich um die Anerkennung ihres Fachs, doch so wenig wie die akademische Soziologie vollends etabliert war, so wenig geschlossen war auch ihre Wissenschaftsgemeinde. Die ›Soziologen‹ entstammten unterschiedlichen Fachrichtungen, und die verschiedenen Diskurse innerhalb der Soziologie erschwerten einen Konsens. In dieser Phase der Etablierung waren auch solche Akademiker Teil der Scientific Community der Soziologen, die ohne konkreten Lehr- und Forschungsauftrag soziologische Studien betrieben. Gegen Ende der Weimarer Republik hatte sich ein »Wir-Bewusstsein« manifestiert, welches »sich immer wieder in der Abwehr unseriöser Ansätze geäußert hatte«[87] und »sich gegen die ›Unfertigkeit, die Willkür und Methodenlosigkeit, das Ausgeliefertsein an Außenseiter‹«[88] richtete, wie Leopold von Wiese 1929 formulierte.

Eine wichtige Aufgabe der Scientific Community kommt zudem ihrer Rolle als Kommunikationsgemeinschaft zu.[89] Dabei unterscheidet sich die wissenschaftliche Kommunikation deutlich von der alltagssprachlichen und unterliegt eigenen Normen und formalisierten Verfahren. Wissenschaftliche Publikationen werden unter einen gewissen Formzwang gesetzt, was »nicht nur die Beachtung der formalen Regeln des Zitierens usw., sondern auch die Zur-Kenntnisnahme wissenschaftlicher Ergebnisse anderer (State-of-the-art)«[90] beinhaltet. Die wissenschaftliche Kommunikation in Form von Publikationen wird durch andere Teilnehmer der Scientific Community normiert und kontrolliert, zum Beispiel als Herausgeber einer Zeitschrift, mit Hilfe anonymer Begutachtungen oder durch die Rezensionen von Büchern. Eine besondere Bedeutung kommt im akademischen Rahmen dem Gebot der Veröffentlichung wissenschaftlicher Ergebnisse zu, denn nur dadurch werden Wissenschaftler als Teil der Scientific Community wahrgenommen. Da mit einer Veröffentlichung die wissenschaftlichen Ergebnisse und Annahmen

---

86   Stölting: Akademische Soziologie, S. 29.
87   Ebd., S. 248.
88   Ebd., S. 248.
89   Vgl. Thiel, Felicitas/Rost, Friedrich: Wissenschaftssprache und Wissenschaftsstil. In: Einführung in die Wissenschaftstheorie und Wissenschaftsforschung (Wie kommt Wissenschaft zu Wissen? 4). Hrsg. von Theo Hug. Baltmannsweiler: Schneider Verlag Hohengehren 2001, S. 117–134, hier S. 121.
90   Ebd., S. 121.

allen Mitgliedern der Community zugänglich gemacht werden, können sie von der Gruppe überprüft werden. Dies wiederum schafft die Anschlussfähigkeit der wissenschaftlichen Kommunikation. Werden die Ergebnisse von der Community als korrekt oder wahr bestätigt, können daran anschließend neue Hypothesen formuliert werden. Werden die Ergebnisse oder Teilaspekte jedoch abgelehnt, müssen sie verworfen oder einer erneuten Überprüfung ausgesetzt werden. Weiterhin kann die Publikation als Basis für Folgebeiträge dienen, welche den originären Beitrag zitieren und somit die Reputation des Wissenschaftlers der Ausgangsarbeit erhöhen. Wird sie hingegen berechtigterweise von Kollegen kritisiert, kann dies zu einem Verlust der Reputation innerhalb der Scientific Community führen.[91]

In der modernen Soziologie nach dem Zweiten Weltkrieg bis in die Gegenwart hinein wurde der Umgang mit dem Wissen häufig auf eine andere Weise gehandhabt. Das »in älteren Theorien kumulierte Wissen der ›Klassiker‹ [wurde nicht] in neuere Theorien«[92] überführt, sondern lediglich neu aufgelegt und interpretiert. Damit ist der Kanon der Werke solcher Soziologen gemeint, die ihr Hauptwerk bis 1933 schrieben, darunter Max Weber, Ferdinand Tönnies und Georg Simmel.[93] Die Klassikergeschichte wurde zugleich zu einer Fachgeschichte der Soziologie und konstituierte damit eine disziplinäre Identität.[94] Zur Zeit der Etablierung der Soziologie im späten Kaiserreich und in der Weimarer Republik war dies durchaus noch nicht der Fall. In jener Zeit entstanden die Texte und Theorien im wissenschaftlichen Diskurs, die zu den späteren Klassikern der Soziologie werden sollten.

3.3 Der wissenschaftliche Verlag zwischen Wissenschaft und Wirtschaftlichkeit

In dem Maße, in dem die Soziologie um die Jahrhundertwende und in der Weimarer Republik in den akademischen und gesellschaftlichen Raum vordrang und ihre eigene Scientific Community bildete, wurden soziologische Publikationen neben den Soziologentagen der DGS und der privaten Kommunikation zwischen den Akteuren stetig wichtiger. Die akademische Soziologie unterlag nicht nur wie andere Disziplinen dem Publikationszwang der Universitäten, der ernsthafte Wissenschaftler war »zumeist aus eigenem

91 Vgl. Thiel/Rost: Wissenschaftssprache und Wissenschaftsstil, S. 121f.

92 Wagner, Gerhard: Die Wissenschaftstheorie der Soziologie. Ein Grundriss. München: Oldenbourg Wissenschaftsverlag 2012, S. 71.

93 Vgl. Neef: Die Entstehung der Soziologie aus der Sozialreform, S. 29.

94 Vgl. ebd., S. 33.

Antrieb daran interessiert, dass seine Erkenntnisse verbreitet [wurden], damit diese [...] gegebenenfalls seine Reputation erhöhen«[95] konnten.

Auf der Grundlage der Systemtheorie nach Niklas Luhmann stellt sich die Wissenschaft als ein Teilbereich der Gesellschaft dar, der sich als »wissensförderndes Unternehmen der Gesellschaft und genauer: als Funktionssystem der Gesellschaft«[96] verstehen lässt. Systeme lassen sich als abgrenzbare Strukturen beschreiben, zu deren Umwelt alle anderen Systeme gehören und in denen Vorgänge nach beschreibbaren Regeln ablaufen.[97] Die Systeme sind selbstreferentiell, was bedeutet, dass sie Beziehungen zu sich selbst herstellen können und sich gegen andere Systeme abgrenzen, wobei das Wissenschaftssystem andere Systeme unter bestimmten Geschichtspunkten, die für diese anderen Systeme selbst nicht zugänglich sind, analysieren kann.[98] Die Elemente, aus denen die sozialen Systeme bestehen, werden aus Kommunikation generiert und stehen durch sie auch in Verbindung miteinander.[99] Das soziale System Wissenschaft »selegiert [...] bei der Beobachtung der Umwelt Informationen und verarbeitet sie.«[100] Die Ergebnisse dieses Selektionsprozesses werden in Medien umgewandelt, zum Beispiel in Sprache oder in gewisse Verbreitungsmedien, zu denen die Schrift und der Druck zählen.[101] Diese Verbreitungsmedien schaffen durch ihre Technik und die Standardisierung des herstellenden Verfahrens eigene »Erhaltungs-, Vergleichs- und Verbesserungsmöglichkeiten«[102], womit Kommunikation und Anschlusskommunikation weiter verbreitet werden können als etwa die mündliche oder die gedächtnisgebundene Überlieferung von Informationen. Um die Kommunikation durch Verbreitungsmedien, also durch wissenschaftliche Literatur, in der Scientific Community und die eigentliche Verbreitung der Publikationen zu gewährleisten, bedient sich die Wissenschaft eines Teilsystems des Wirtschaftssystems. Es handelt sich hierbei um den Buchhandel, genauer um sein »Subsystem«, den wissenschaftlichen Buchhandel. Als dessen Teilbereich agiert der wissenschaftliche Verlag.[103] In Luhmanns Theo-

95 Lembrecht: Wissenschaftsverlage im Feld der Physik, S. 124.
96 Luhmann, Niklas: Die Wissenschaft der Gesellschaft (Suhrkamp Taschenbuch Wissenschaft 1001). Frankfurt am Main: Suhrkamp 1992, S. 7.
97 Vgl. Holl: Produktion und Distribution wissenschaftlicher Literatur, S. 10.
98 Vgl. Luhmann: Soziale Systeme, S. 31f.
99 Vgl. ebd., S. 192.
100 Holl: Produktion und Distribution wissenschaftlicher Literatur, S. 11.
101 Vgl. Luhmann: Soziale Systeme, S. 220f.
102 Ebd., S. 221.
103 Vgl. Holl: Produktion und Distribution wissenschaftlicher Literatur, S. 11.

rie stehen neben den Verbreitungsmedien zusätzlich die symbolisch generalisierten Kommunikationsmedien. Das Kommunikationsmedium des Handels ist das Geld, das der Wissenschaft die Wahrheit. Als gemeinsames Produkt von Wissenschaft und Buchhandel entstehen die (Print-)Medien, welche von den Kommunikationsmedien Geld und Wahrheit gemeinsam gesteuert werden.[104] Das Subsystem wissenschaftlicher Buchhandel wird so zu einer »Wechselbörse«, in der mit wissenschaftlichen Resultaten Geld verdient wird, sofern sie zutreffend, beziehungsweise »wahr« sind. Dieser Wahrheitswert ist »die entscheidende Strukturvorgabe der Wissenschaft für den Buchhandel.«[105] Der wissenschaftliche Verlag bewegt sich aus diesem Grund immer »im Kräftefeld zweier Rationalitäten, und zwar dergestalt, dass die wissenschaftlichen Erfordernisse in die wirtschaftliche Rationalität eingelagert sind.«[106] Der Bedarf nach organisiertem Wissen und die Verpflichtung auf Wissensfortschritt in der Forschung macht den wissenschaftlichen Buchhandel zum notwendigen Partner der Wissenschaft als Institution. Dabei profitiert die Wissenschaft nicht nur vom Buchhandel, sondern auch umgekehrt, da die klare Abgrenzbarkeit und Größe der Wissenschaftsgemeinden eine bekannte Zielgruppe für Kalkulation und Werbung schafft. Die Wissenschaft erschließt dem Buchhandel weitere Anschlussmöglichkeiten, zum Beispiel durch Berufs- und Fachverbände, wissenschaftliche Gesellschaften oder durch die Unterscheidung von Lehrenden und Lernenden eines Fachs.[107] Die Tatsache, dass im wissenschaftlichen Buchhandel sowohl die Autoren als auch die Leser Wissenschaftler und Experten sind, unterscheidet dieses Subsystem vom gewöhnlichen Verlag. An neuralgischen Punkten, an denen der Austausch zwischen Wissenschaften und ihren Umweltsystemen über Medien vollzogen wird, zum Beispiel durch Verbände oder eine politische und gesellschaftliche Forschungsförderung, trägt der wissenschaftliche (herstellende) Buchhandel auch zu einer Vernetzung der Gesellschaft bei.[108] Dabei gilt jedoch, dass der Verlag als Agent der Wissenschaftskommunikation die Ansprüche der Wissenschaft erfüllen muss, um wirtschaftlich bestehen zu können. Die »Bereitstellung möglichst uneingeschränkter Publikationsmöglichkeiten für die Forschungsfront«[109] garantiert

---

104 Vgl. Jäger: Buchhandel und Wissenschaft, S.7.
105 Ebd., S.29.
106 Schimank/Volkmann: Die Ware Wissenschaft, S.166.
107 Vgl. Jäger: Buchhandel und Wissenschaft, S.8f.
108 Vgl. ebd., S.27.
109 Schimank/Volkmann: Die Ware Wissenschaft, S.169.

dem wissenschaftlichen Verlag seinen Erfolg. Hierfür bietet der Verlag mit diversen Medien verschiedene situationsbezogene Leistungen an, etwa zur Systematisierung von Wissen, zur Überschau und Wertung des Wissensfortschritts, zur Wissensvermittlung, zur Kommunikation innerhalb der Wissenschaft und zwischen der Forschung und ihren angeschlossenen Praxisbereichen.[110] Die großen Publikationsformen, die diese unterschiedlichen Inhalte kommunizieren, sind zum einen die wissenschaftlichen Periodika, in denen Forschungsergebnisse, Fortschrittsberichte oder Rezensionen zu wissenschaftlichen Werken von Dritten publiziert werden. Sie generieren je nach Typus Primär- oder Sekundärliteratur. Zum anderen gelingt Kommunikation durch das wissenschaftliche Buch in Form von Monographien, die, laut Holl, mit der Primärzeitschrift vergleichbar sind, aber auch durch das Referenzbuch, in dem über ein größeres Thema zusammenhängend berichtet wird oder durch wissenschaftliche Handbücher und Atlanten, in denen Wissen aufbereitet und systematisiert wird. Hinzu kommen wissenschaftliche Lehrbücher zur Wissensvermittlung, Taschenbücher, in denen Informationen eines bestimmten Wissensgebiets kurzgefasst aufbereitet werden und Datensammlungen, die eine Form der Tertiärliteratur darstellen.[111] Das breit gefächerte Angebot der Formen wissenschaftlichen Publizierens offenbart deutlich die »Funktionsvielfalt des Systems Wissenschaft«[112]. Gleichzeitig muss der Verlag seine Publikationsmöglichkeiten nach Themenfeldern und wissenschaftlicher Reputation von Publikationsorten und Autoren selektieren. Die Publikationslandschaft muss aus dem Grund überschaubar sein, da der Wissenschaftler als Leser nur eine knappe Aufmerksamkeitskapazität zur Verfügung hat.[113] Mit der Eingrenzung der Themenfelder schafft der Verlag eine spezielle Nische, während die wissenschaftliche Reputation der Autoren positiv auf den Verlag zurückfällt. Aufgrund dieses Verhältnisses zwischen Wirtschaftlichkeit und publizistischer Aufgabe unterliegt der Verlag, der die Scientific Community sowohl als Autoren wie auch als Leser in ihren Belangen bedienen muss, einer »fremdreferentiell finalisierten wirtschaftlichen Rationalität«[114]. Das bedeutet, dass der wissenschaftliche Verlag zwar die Oberhoheit über seine wirtschaftlichen Belange und betriebswirtschaftlichen Möglichkeiten, also die wirtschaftliche Rationalität, innehat. Diese ist

---

110 Vgl. Jäger: Buchhandel und Wissenschaft, S. 9.
111 Vgl. Holl: Produktion und Distribution wissenschaftlicher Literatur, S. 17f.
112 Ebd., S. 18.
113 Vgl. Schimank/Volkmann: Die Ware Wissenschaft, S. 169.
114 Ebd., S. 170.

jedoch an die Wissenschaft und ihre Forschung, die wissenschaftliche Rationalität, gekoppelt, da der Verlag von der Wissenschaft als Produzent und Konsument seiner Publikationen abhängig ist.[115] Dennoch kann der Verlag die ökonomischen Aspekte des Buchhandels nicht zu Gunsten der Wissenschaft vernachlässigen. Die »Betreuung von Spezialuntersuchungen […], die nur einen kleinen Kreis von Gelehrten interessieren und sich daher finanziell kaum je tragen«[116], muss durch die Veröffentlichung von Werken ausgeglichen werden, welche einen weiteren Kreis von Lesern erreichen und die einen höheren Absatz erzielen, um somit eine wirtschaftliche Basis zu garantieren.

Die verlegerischen Entscheidungen stehen demnach nicht allein in Abhängigkeit zu der dominanten Position der Wissenschaft. Wie auch Monika Estermann und Ute Schneider in ihrem Sammelband *Wissenschaft und Buchhandel – Wechselwirkungen*[117] aufzeigen, wird die Rolle des Verlags als Agent der Wissenschaftskommunikation und Vermittler von Forschungsergebnissen zwar von der Wissenschaft mitgesteuert, zugleich ist jedoch die Bedeutung des Verlegers bei der Distribution wissenschaftlicher Literatur zu beachten. Der Einfluss des wissenschaftlichen Verlegers auf Programm und Autoren, seine unternehmerischen Praktiken und sein Selbstverständnis können auf die Kommunikation in der Wissenschaft zurückwirken. In seiner Verantwortung liegt zum Beispiel der Veröffentlichungszeitpunkt eines Werkes, der den Erfolg und die Karriere eines Wissenschaftlers durchaus beeinflussen kann. Auch die Popularisierung von Wissen auf einem Fachgebiet kann mit dem Einfluss des Verlegers auf die zugehörige Wissenschaftskultur einhergehen. Die Reputation des Verlags und eines Wissenschaftlers stehen in einer Wechselwirkung zueinander.[118] Ein Wissenschaftler, der Ansehen und Einfluss innerhalb seiner Scientific Community hat, kann als Autor oder Berater eines Verlags seine Reputation vergrößern und wird bemüht sein, seine Forschungsergebnisse bei einem anerkannten wissenschaftlichen Verlag zu veröffentlichen, während sich durch die großen Namen der

---

115 Vgl. Schimank/Volkmann: Die Ware Wissenschaft, S.170.

116 Siebeck: Hat der wissenschaftliche Privatverlag noch Daseinsberechtigung?, S.10.

117 Vgl. Estermann, Monika/Ute Schneider, Ute: Wissenschaft und Buchhandel – Wechselwirkungen. Einleitung. In: Wissenschaftsverlage zwischen Professionalisierung und Popularisierung (Wolfenbütteler Schriften zur Geschichte des Buchwesens 41). Hrsg. von Monika Estermann und Ute Schneider. Wiesbaden: Harrassowitz Verlag 2007, S.7–12, hier S.11.

118 Vgl. ebd., S.7–11.

Wissenschaft der Bekanntheitsgrad des Verlags in der Scientific Community erhöhen kann.[119]

All diese theoretischen und praktischen Voraussetzungen galten und gelten auch für den sozialwissenschaftlichen Verlag, wenngleich »die strukturellen Vorgaben weicher und die Verlagsszene zersplitterter waren.«[120] Dies liegt daran, dass die Geistes-, Kultur- und Sozialwissenschaften traditionellerweise mit dem kulturellen Leben und der Öffentlichkeit enger verknüpft waren als die Naturwissenschaften, die sich bereits früh auf ein Fachpublikum beschränkten. Sozialwissenschaftliche Publikationen bezogen sich häufig auf aktuelle gesellschaftliche oder politische Problemstellungen.[121] Sozialpolitische und gesellschaftliche Umbrüche und Reformen bildeten den Grundstock für Werke, die heutzutage als soziologische Klassiker gelten. Dennoch waren auch die sozialwissenschaftlichen Verlage den Einflussfaktoren unterworfen, die den wissenschaftlichen Buchmarkt im frühen 20. Jahrhundert mitbestimmten.

3.4 Wirtschaftliche und politische Auswirkungen auf Wissenschaft und Verlagswesen

1903 entzündete sich ein Konflikt an der reformierten Rabattpolitik des Buchhandels, der sogenannte »Bücher-Streit«. Anstatt wie bisher 7,5 bis 10 Prozent gewährte der Sortimentsbuchhandel nur noch 5 Prozent Rabatt für Behörden, Öffentliche Bibliotheken und Institutsbibliotheken, was bei den betroffenen Bibliotheken zu großem Widerstand führte. Noch im selben Jahr gründete sich auf der Rektorenkonferenz deutscher Hochschulen der ›Akademische Schutzverein‹, welcher sich zum Ziel gesetzt hatte, die Interessen der Wissenschaft gegenüber den Verlagen und dem Vertrieb wissenschaftlicher Literatur durchzusetzen, einer Preissteigerung entgegenzuwirken und die Autoren beim Abschluss von Verlagsverträgen vor Benachteiligung zu schützen. In offener Opposition zum Börsenverein des deutschen Buchhandels verfasste der Nationalökonom Karl Bücher im Auftrag des Schutzvereins die Denkschrift *Der deutsche Buchhandel und die Wissenschaft*, die zu freier Marktwirtschaft im Buchhandel aufrief und damit das bestehende System

---

119 Vgl. Jäger: Buchhandel und Wissenschaft, S. 29.

120 Jäger, Georg: Der wissenschaftliche Verlag. In: Geschichte des Deutschen Buchhandels im 19. und 20. Jahrhundert. Das Kaiserreich 1870–1918 (Band 1, Teil 1). Hrsg. von Georg Jäger in Verbindung mit Dieter Langewiesche und Wolfram Siemann. Frankfurt am Main: Buchhändler-Vereinigung GmbH 2001, S. 423–472, hier S. 453.

121 Vgl. ebd., S. 453.

anzweifelte. Während sich die Bibliotheken mit dem Buchhandel schließlich einigen konnten und Rabatte von 5 bis 7,5 Prozent erhielten, baute der Akademische Schutzverein einen genossenschaftlichen Literaturvertrieb an den Universitäten auf. Dieses System der »Bücherämter« beruhte darauf, dass Verlagsautoren das Recht innehatten, ihre eigenen Bücher von dem Verlag mit Buchhändlerrabatt zu beziehen. Solange diese nicht gewerbsmäßig weitervertrieben wurden, konnten die Autoren sie weiterverkaufen.[122] Der eigentliche Konflikt wurde jedoch erst nach dem Ersten Weltkrieg, bedingt durch die folgende Wirtschaftskrise, beigelegt. 1922 beschlossen beide Seiten die »Vertragsnormen und Auslegungsgrundsätze für Verlagsverträge über wissenschaftliche Werke«[123]. Darin wurde festgelegt, dass eine »Abgabe des Werkes mit 25 % unter dem Ladenpreis durch das wissenschaftliche Sortiment an die Hörer des Verfassers«[124], also die Abgabe der Werke des Dozenten an seine hörenden Studenten, gestattet war. Im Laufe dieses Konflikts hatte sich gezeigt, dass sich die Wissenschaft, gerade weil sie stark auf die Verlagserzeugnisse angewiesen war, nicht durch den Buchhandel in ihrer Forschung und Lehre beschneiden lassen wollte.

Die Zeit nach dem Ersten Weltkrieg brachte für Wissenschaft und wissenschaftliche Verlage eine weitere aufreibende Situation. Der Börsenverein erließ bereits gegen Ende des Krieges einen Teuerungszuschlag von 10, später 20 Prozent auf den festgesetzten Ladenpreis. Dies führte zu einem heftigen Konflikt zwischen dem Sortiment und den Verlegern, denn zu der Verteuerung der Bücher kam ein gleichzeitiger Kaufkraftschwund auf Seiten der Wissenschaft hinzu, sowohl bei Dozenten als auch Studenten.[125] Von Seiten der Wissenschaft wurde zudem die Preissteigerung der Verlagsprodukte im Vergleich zur Vorkriegszeit kritisiert, was die Verleger mit dem Verweis auf bessere Ausstattung und gestiegenem Umfang bei gleichzeitig geringeren Auflagen und höherem Aufwand bei der Materialbeschaffung abwiesen. Die »Bücherämter« der Universitäten aus der Vorkriegszeit wurden von den Studenten wieder stärker frequentiert. 1922 befriedete die bereits erwähnte Einigung über den »Hörerschein«, der 25 Prozent Rabatt auf Werke für die studentischen Hörer beinhaltete, diesen Teilkonflikt. Zwischen Sortiment und Verlagen konnte jedoch keine Einigung erzielt werden, sodass sich 1920 die

122 Vgl. Jäger: Buchhandel und Wissenschaft, S.13–16.
123 Ebd., S.16.
124 Ebd., S.17.
125 Vgl. Schneider: Der wissenschaftliche Verlag, hier S.385.

Interessenvertretung der ›Arbeitsgemeinschaft wissenschaftlicher Verleger‹ auf Initiative von Eduard Urban und Oskar Siebeck, Chef des Verlags Mohr (Siebeck), gründete.[126] Der Konflikt hielt während der Inflation und Wirtschaftskrise an, bis sich 1927 das wissenschaftliche Sortiment und wissenschaftliche Verleger auf einen Rabatt von »30 Prozent für jeweils mit den Verlegern individuell zu vereinbarende Partiebezüge«[127] einigten, während andere Sortimenter nur noch einen Rabatt von 25 Prozent erhielten. Die Beilegung des »Bücher-Streits« und die Gründung der ›Arbeitsgemeinschaft wissenschaftlicher Verleger‹, aber auch die Gemeinschaft der wissenschaftlichen Sortimenter, trugen zu Beginn des 20. Jahrhunderts zu einer klareren Ausdifferenzierung des wissenschaftlichen Buchhandels bei.

Zusätzlich zu den wirtschaftlichen und preispolitischen Konflikten zwischen Wissenschaft und Buchhandel, beziehungsweise Sortimentern und Verlegern, kam die Notlage der Wissenschaft in Deutschland nach dem Ersten Weltkrieg hinzu. Nicht nur konnte die Forschung wegen der wirtschaftlichen Verhältnisse nicht vorangetrieben werden, die deutsche Wissenschaft wurde auch international boykottiert. Die wissenschaftliche Isolation sollte, zusätzlich zu politischen und wirtschaftlichen Sanktionen, verhindern, dass Deutschland seine herausragende Stellung auf diesem Gebiet wiedererlangen konnte.[128] In Folge dessen brachen die Kommunikationsstrukturen mit der internationalen Scientific Community sowohl im natur- als auch im geistes- und sozialwissenschaftlichen Bereich zusammen.[129] Internationale wissenschaftliche Organisationen zogen sich aus Deutschland zurück, deutsche Forscher, die vor dem Krieg an internationalen Projekten mitgearbeitet hatten, wurden aus Verbänden ausgeschlossen, auch die Teilnahme an Kongressen war nicht mehr möglich. Die 1899 gegründete ›Internationale Association der Akademien‹ wurde durch den naturwissenschaftlichen ›Conseil International de Recherches‹ und die geisteswissenschaftliche ›Union Académique Internationale‹ ersetzt.[130] Der Boykott, der auch den Bezug

126 Vgl. Schneider: Der wissenschaftliche Verlag, S. 383–385.

127 Ebd., S. 386.

128 Vgl. Behrends, Elke: Die Auswirkungen des Boykotts der deutschen Wissenschaft nach dem Ersten Weltkrieg auf das Referatewesen: Die Reichszentrale für naturwissenschaftliche Berichterstattung. In: Fachschrifttum, Bibliothek und Naturwissenschaft im 19. und 20. Jahrhundert (Wolfenbütteler Schriften zur Geschichte des Buchwesens 27). Hrsg. von Christoph Meinel. Wiesbaden: Harrassowitz 1997, S. 53–66, hier S. 53.

129 Vgl. Schneider: Der wissenschaftliche Verlag, S. 379.

130 Vgl. Behrends: Die Auswirkungen des Boykotts der deutschen Wissenschaft nach dem Ersten Weltkrieg auf das Referatewesen, S. 53.

deutscher wissenschaftlicher Publikationen im Ausland und den Export internationaler Schriften nach Deutschland einschloss, brachte Wissenschaft und Verleger gleichermaßen in Schwierigkeiten. Der Schwund ausländischer Abonnenten, die geplante Konkurrenz durch ausländische Publikationen, die »Mehrausgaben an Druckkosten und Besoldung sowie fehlende[] Unterstützung seitens der Industrie und Wirtschaft« trafen sowohl die deutsche Scientific Community als auch die wissenschaftlichen Verleger und bedingten sich gegenseitig.[131] Eine der deutschen Gegenmaßnahmen zu Beginn des Jahres 1920 war die Gründung der ›Reichszentrale für naturwissenschaftliche Berichterstattung‹, die sich jedoch auf die Beschaffung und Verbreitung in- und ausländischer naturwissenschaftlicher Literatur beschränkte.[132] Eine weitere Aktion trat ab Oktober 1920 in Form der ›Notgemeinschaft der deutschen Wissenschaft‹ in Erscheinung. Sie wurde von allen Akademien der Wissenschaft, den Hochschulen und Technischen Hochschulen, wissenschaftlichen Bibliotheken und wissenschaftlichen Gesellschaften gegründet[133] und hatte sich zur Aufgabe gemacht, alle wissenschaftlichen Gebiete zu unterstützen. Dies schloss nicht nur die Förderung durch Stipendien und die Beschaffung wissenschaftlicher Apparaturen und Instrumente mit ein, sondern auch die Druckbeihilfe für die Publikationen wissenschaftlicher Verlage.[134] Die Vereinigung trat gegenüber dem Staat, der die Notgemeinschaft bei ihrer Gründung mit 20 Millionen Mark bezuschusst hatte[135], und privaten Stiftern als »selbstständiges, unparteiliches, selbstverwaltetes Organ«[136] auf. Um diese Unparteilichkeit zu wahren und die Druckkostenzuschüsse gerecht an alle Wissenschaftszweige zu verteilen, gab es 22 Fachausschüsse, welche sich aus Wissenschaftlern und Fachexperten zusammensetzten, die von den Hochschulen gewählt worden waren.[137] Seit ihrer Gründung bis 1927 »wurden 1200 Monographien aus allen Fachbereichen bezuschusst«[138], danach war die Zahl der geförderten Monographien rückläufig. Dies lag zum einen daran, dass die politische Isolation Deutschlands und die Boykottierung der deutschen Wissenschaft Mitte der zwanziger Jahre mit der Aufnah-

131 Ebd., S.54f.
132 Vgl. ebd., S.56f.
133 Vgl. Schneider: Der wissenschaftliche Verlag, S.380.
134 Vgl. Behrends: Die Auswirkungen des Boykotts der deutschen Wissenschaft nach dem Ersten Weltkrieg auf das Referatewesen, S.58.
135 Vgl. Schneider: Der wissenschaftliche Verlag, S.380.
136 Knappenberger-Jans: Verlagspolitik und Wissenschaft, S.517.
137 Vgl. ebd., S.517.
138 Schneider: Der wissenschaftliche Verlag, S.382.

me Deutschlands in den Völkerbund 1926 sukzessive ein Ende fand, »was bei der andauernden Stärke deutscher Forschung unvermeidlich war«[139], wie Elke Behrends formuliert.

Zum anderen wurden die Vergabeverfahren der Notgemeinschaft sowohl intern als auch von Seite der Verleger kritisiert.[140] So beantragte der wissenschaftliche Verlag Mohr (Siebeck), der viele soziologische Werke im Programm führte, bereits im Frühjahr 1921 mehrere Druckzuschüsse für Monographien und Zeitschriften, die auch teilweise genehmigt wurden.[141] Trotzdem zeichneten sich Differenzen zwischen dem Verlag und der Notgemeinschaft ab, die »zeitraubenden Korrespondenzen«[142] und unterschiedlichen Vorstellungen der Einflussnahme auf die Werke führten zu einer Verschlechterung des Verhältnisses. Die Notgemeinschaft forderte eine Mitsprache bei der Preis- und Vertragsgestaltung des Verlags, zudem detaillierte Informationen über seine Finanzverhältnisse und die Verkaufszahlen der Titel, eine genaue Aufstellung von Honorar, Satz- und Druck-, Papier-, Buchbindungs-, sowie Vertriebskosten und veranschlagtem Ladenpreis. Der Verleger Oskar Siebeck verbat sich eine solch intensive Überprüfung mit Verweis auf seine verlegerische Eigenverantwortlichkeit aus inhaltlichen und wirtschaftlichen Gründen und deutete die andauernden Nachfragen als Bevormundung und Misstrauen.[143] Wenn in den folgenden drei Jahren auch einzelne Titel von der Notgemeinschaft bezuschusst wurden, so lehnte der Verlag Mohr (Siebeck) die Zusammenarbeit ab 1925 kategorisch ab.[144]

In den Konflikten im späten Kaiserreich und in der Weimarer Republik zeichnete sich das Spannungsverhältnis zwischen Wissenschaft und Buchhandel deutlich ab. In dem Maße, in dem beide Systeme aufeinander angewiesen waren, rangen sie auch um die Kompetenzen innerhalb des Subsystems ›wissenschaftlicher Buchhandel‹.

Die wissenschaftliche Kommunikation in Form von Verbreitungsmedien, bestimmt durch die Kommunikationsmedien Wahrheit und Geld, kann jedoch nur durch die Zusammenarbeit beider Systeme bestehen.

139 Behrends: Die Auswirkungen des Boykotts der deutschen Wissenschaft nach dem Ersten Weltkrieg auf das Referatewesen, S. 63.
140 Vgl. Schneider: Der wissenschaftliche Verlag, S. 382.
141 Vgl. Knappenberger-Jans: Verlagspolitik und Wissenschaft, S. 518.
142 Ebd., S. 523.
143 Vgl. ebd., S. 522.
144 Vgl. ebd., S. 531.

4 VERLAGE IM FELD DER SOZIOLOGIE

Im gleichen Maße, in dem sich die Soziologie an den Universitäten etablierte, stieg auch die Zahl der soziologischen Publikationen auf dem Buchmarkt. Ab 1924 wurde sie in der Statistik der Deutschen Bücherei getrennt von den Rechtswissenschaften, zusammen mit den Staatswissenschaften, aufgeführt. Die Staatswissenschaften inklusive der Soziologie hatten im Jahr 1924 mit rund 1.700 Titeln Anteil am Gesamtbuchmarkt, im Folgejahr waren es über 2.000 Titel. Die Rechtswissenschaften hingegen kamen bis 1932 nicht über die Marke von 1.800 Titeln hinaus.[145] Die Sparte der Soziologie war als Teil der Staatswissenschaften nun auch ›offiziell‹ durch eine administrative Stelle auf dem deutschen Buchmarkt etabliert.

Drei Verlage, die soziologische Literatur verlegten oder bis heute verlegen, sind Mohr (Siebeck), Duncker & Humblot und Ferdinand Enke. Diese Verlagshäuser blicken auf unterschiedliche Entstehungsgeschichten zurück, welche sich auch in dem jeweiligen Verlagsprogramm wiederspiegeln. Während bei Enke die Soziologie hinter gänzlich anderen Fachrichtungen zurückstand, wurde sie bei Duncker & Humblot und Mohr (Siebeck) bewusst gepflegt und sogar aufgrund persönlicher Interessen gefördert. Die unterstellte Rolle des wissenschaftlichen Verlegers »als Bodenpersonal des Fachweltgeistes«[146] spiegelte sich in unterschiedlicher Art und Weise in dem Selbstbild der Verlegerpersönlichkeiten wieder. Alle drei Verlage konnten namenhafte Soziologen zu ihren Autoren zählen; es erschienen wichtige Texte der jungen Disziplin, die von Zeitgenossen rezipiert und zum Teil heute noch als Klassiker der Soziologie angesehen werden.

145 Vgl. Schneider: Der wissenschaftliche Verlag, S. 407.
146 Schimank/Volkmann: Die Ware Wissenschaft, S. 168.

4.1 J.C.B.Mohr (Paul Siebeck)

Zwei verschiedene Unternehmen wurden in diesem Verlag im 19. Jahrhundert zusammengeführt. 1804 übernahm der Frankfurter Buchhändler Jakob Christian Benjamin Mohr eine Buchhandlung und gründete bereits ein Jahr später in Heidelberg zusammen mit Johann Georg Zimmer eine Filiale namens »Akademische Buchhandlung Mohr & Zimmer«, die sowohl als Sortiments- wie auch als Verlagsbuchhandlung angelegt war. Ab 1811 wurde nur noch die Heidelberger Filiale weitergeführt.[147] Neben der Tätigkeit als Universitätsbuchhandlung wurde der Verlag zu einem »Sammelplatz der Heidelberger Romantiker«[148]. So erschien von 1805 bis 1808 bei ihm *Des Knaben Wunderhorn*, eine Liedersammlung von Achim von Arnim und Clemens Brentano, die in drei Bänden 723 Lieder umfasste.[149] 1842 übernahm Mohrs Sohn, Ernst Christian, die Buchhandlung und den Verlag, sein Bruder Georg leitete ab 1845 die neu gegründete Druckerei. Derweil kaufte Laupp 1816 die Cotta'sche Buchhandlung in Tübingen vom Verleger Johann Friedrich Cotta, um sie in seinem eigenen Namen weiterzuführen und einen wissenschaftlichen Verlag anzuschließen, der Werke aus dem Umfeld der Tübinger Universität verlegte. Nach dessen Tod 1836 übernahm sein Schwiegersohn Hermann Siebeck, ein Leipziger Buchhändler, die Geschäftsführung. 1840 erhielt er eine offizielle Teilhabe, bis er schließlich 1866 Alleininhaber wurde und 1873 seinen Schwiegersohn J. Gustav Kötzle als Teilhaber in die Buchhandlung aufnahm.[150]

Nach dem Tod Hermann Siebecks 1877 trat sein Sohn Paul Siebeck (1855–1920) in das Unternehmen ein und kaufte 1878 den Verlag J.C.B.Mohr zu der H. Laupp'schen Buchhandlung hinzu.[151] Paul Siebeck siedelte mit diesem kleinen Verlag nach Freiburg über, wo er mit »der finanziellen Unterstützung seiner Mutter und viel Energie [...] einen großen geisteswissenschaftlichen Verlag«[152] aufbaute. Nach dem Tod Gustav Kötzles kehrte er 1899 nach Tü-

---

147 Vgl. Knappenberger-Jans: Verlagspolitik und Wissenschaft, S.11.
148 Siebeck, Werner: Der Heidelberger Verlag von Jacob Christin Benjamin Mohr. Ein Rückblick. Tübingen: J.C.B.Mohr (Paul Siebeck) 1926, S.47.
149 Vgl. Schlechter, Armin: Des Knaben Wunderhorn. Eine Momentaufnahme des populären Liedes. In: Ruperto Carola 1 (2008) URL: https://www.uni-heidelberg.de/presse/ruca/ruca08-1/02.html [14.06.2016].
150 Vgl. Mohr Siebeck. Verlag. Über uns. Die Geschichte des Verlages. URL: https://www.mohr.de/verlag/ueber-uns [14.06.2016].
151 Vgl. Knappenberger-Jans: Verlagspolitik und Wissenschaft, S.20.
152 Ebd., S.20.

bingen zurück, wo er das Sortiment der Laupp'schen Buchhandlung verkaufte und beide Verlage gemeinsam leitete.[153]

Das Verlagsprogramm entwickelte sich aus persönlichen Kontakten und Freundschaften zu Autoren und Persönlichkeiten des akademischen und intellektuellen Lebens. Diese Beziehungen konstituierten sich nicht nur aus zufälligen Begegnungen in den gebildeten Kreisen, sondern wurden bewusst gepflegt und als Mittel zur Autorenakquise genutzt. Paul Siebeck organisierte regelmäßig Gesellschaften und Gesprächszirkel, für die er sogar Räume in Freiburger Hotels anmietete. Obgleich diese Ausgaben zu Beginn eine finanzielle Belastung für den Verlag waren, »rentierte es sich indirekt doch, [Siebecks] und des Verlags ›Stellung‹ war gemacht.«[154] Befreundete Autoren, die bereits zu Beginn ihrer akademischen Karriere bei Mohr Siebeck veröffentlicht hatten, blieben dem Verlag jahrzehntelang treu, darunter die Nationalökonomen Eugen von Philippovich und Karl Bücher, der Soziologe Max Weber oder der Philosoph Heinrich Rickert. Zudem besuchte Siebeck diverse Universitätsstädte, um seine Kontakte zu wissenschaftlichen Autoren auszuweiten, wobei er vor allem Wissenschaftler aus Freiburg, Tübingen und Heidelberg für seinen Verlag gewinnen konnte. Das Verlagsprogramm war breit gefächert und reichte von Musikalien bis hin zu Forstwirtschaft und Botanik, sein persönliches Interesse lag jedoch auf der liberalen Theologie und dem Kulturprotestantismus. Er verband seine Interessen als Unternehmer mit einem persönlichen Engagement für Wissenschaft und Aufklärung und nahm auch defizitäre Projekte »der Sache wegen – also nicht bloss aus Freundschaft«[155] wissentlich in Kauf. Bis Ende 1913 hatte sich der Verlag stetig vergrößert und war von anfänglich zwei auf einundvierzig Mitarbeiter gewachsen. Bereits 1906 war sein ältester Sohn Oskar Siebeck (1880–1936) nach einem Studium der Nationalökonomie bei dem Verlagsautor Karl Bücher in den Verlag als Mitarbeiter eingetreten und wurde später Prokurist, zu Beginn des Jahres 1914 begann der jüngere Sohn Werner Siebeck dort seine Ausbildung.

Im Herbst 1913 eröffnete der Verlag unter der Leitung von Oskar Siebeck eine Berliner Zweigstelle, um »die Interessen [des] Verlags in der Reichshauptstadt wahrzunehmen«[156], um neue Autoren für den Verlag zu gewin-

<hr>

153 Vgl. ebd., S.20.
154 Ebd., S.20.
155 Paul Siebeck zitiert nach Knappenberger-Jans: Verlagspolitik und Wissenschaft, S.24.
156 Ebd., S.26.

nen und Kontakte zu Berliner Autoren aufrecht zu erhalten. Die Arbeit wurde jedoch bereits 1914 durch den Ausbruch des Ersten Weltkriegs unterbrochen. Im Frühjahr 1919 kehrte Oskar Siebeck nach Berlin zurück, um die Zweigstelle des Verlags wiederbeleben und selbstständig als Verleger arbeiten zu können, doch nach dem Tod des Vaters 1920 löste er die Filiale endgültig auf, um den Verlag von Tübingen aus gemeinsam mit Werner Siebeck zu führen.[157]

Bis 1913 und auch in die Kriegszeit hinein hatte Paul Siebeck das Programm breit gefächert gehalten, getreu seinem Vorsatz »möglichst erstklassige Werke auf möglichst vielen und vielerlei Gebieten [zu] verlegen«[158]. Nach 1914 hatte er das Programm in vielen Fällen auf Kriegstitel umgestellt. Der universitätsbezogene Standort in Tübingen galt Paul Siebeck als Argument gegen die Spezialisierung auf einzelne Fächer. Nach seinem Tod strukturierten seine Söhne das Verlagsprogramm um und trieben die Entwicklung eines wissenschaftlichen Universalverlags zu einem spezialisierten Fachverlag weiter voran. Einzelne Verlagssegmente wurden abgestoßen und verkauft. Darunter fielen vor allem die medizinischen und naturwissenschaftlichen Titel, ein Gebiet, auf dem »andere Verlage einen enormen Vorsprung in Titelzahlen und Kompetenz aufweisen konnten«[159]. Die Kernkompetenzen richteten sich nun vor allem auf die drei Gebiete »Philosophie und Geschichte«, »Religionswissenschaften und Theologie« und »Rechts- und Staatswissenschaften«, denen die »Forstwissenschaften« als kleiner Bereich angeschlossen waren.[160] Der Anteil von theologischen Titeln, die von Paul Siebeck gepflegt worden waren, verringerte sich bis 1926 auf weniger als ein Viertel am gesamten Verlagsprogramm. Die Rechts- und Staatswissenschaften hatten bereits vor 1914 mit 38 bis 45 Prozent den größten Anteil an der Verlagsproduktion ausgemacht, bis 1926 steigerte sich der Anteil an der gesamten Verlagsproduktion auf zwei Drittel.[161] Zu diesem Bereich zählten auch die Wirtschafts- und Sozialwissenschaften. Bereits im Kaiserreich hatte Paul Siebeck sozialwissenschaftliche Titel verlegt, die jedoch noch stark von der Nationalökonomie geprägt waren. Zu den Wissenschaftlern Eugen von Philippovich, Max Weber oder Karl Bücher, die alle drei als »Kathedersozialisten« im

---

157 Vgl. Knappenberger-Jans: Verlagspolitik und Wissenschaft, S. 21–28.
158 Wochenbericht von Paul Siebeck an Oskar Siebeck vom 19. November 1916. Berlin. Verlagsarchiv 373. Zitiert nach Knappenberger-Jans: Verlagspolitik und Wissenschaft, S. 177.
159 Schneider: Der wissenschaftliche Verlag, S. 408.
160 Vgl. Knappenberger-Jans: Verlagspolitik und Wissenschaft, S. 639 (Tabelle 11).
161 Vgl. ebd., S. 182f.

VfS tätig waren, hatte er enge freundschaftliche Kontakte geknüpft. Eugen von Philippovichs zweibändiger *Grundriß der politischen Ökonomie* wurde zu einem ›Klassiker‹ des Verlags. 1883 erstmals erschienen, erlebte er bis 1922 siebzehn Auflagen, und es wurden insgesamt über 80.000 Exemplare verkauft.[162] Mit Karl Bücher verband auch Oskar Siebeck eine Freundschaft, da er bei ihm bereits Nationalökonomie studiert hatte. Bücher veröffentlichte nicht nur zahlreiche Werke bei Mohr (Siebeck), sondern agierte ab 1902 auch als Herausgeber der *Zeitschrift für die gesamte Staatswissenschaft* und nahm somit »eine zentrale Stellung innerhalb des Tübinger Verlages«[163] ein. Eine ebenso exponierte Stellung wurde Max Weber zuteil, der wie Paul Siebeck 1920 verstarb. Ein Großteil von Webers Œuvre erschien bei Mohr (Siebeck) und viele seiner Titel wurden posthum veröffentlicht. Zudem agierte er über Jahre als Mitherausgeber der Zeitschrift *Archiv für Sozialwissenschaft und Sozialpolitik*, war als Verlagsberater tätig und verfasste Beiträge für andere Zeitschriften, die im Verlag erschienen. Da Oskar Siebeck bereits vor dem Krieg für die nationalökonomische und sozialwissenschaftliche Programmsparte verantwortlich war, ging die Entwicklung kontinuierlicher vonstatten und war weniger vom politischen Wechsel in Deutschland oder dem Tod Paul Siebecks betroffen als vom Tod wichtiger Autoren der ersten Stunde, die zum Erfolg des Verlags maßgeblich beigetragen hatten.[164] Die Umstellung des gesamten Programms nach Oskar Siebecks Vorstellung dauerte bis 1926 an. Die Nachkriegsjahre und die folgende Inflation hatten den Verlag Mohr (Siebeck) wie alle Verlage vor große Herausforderungen gestellt. Der Wegfall der Papierkontingentierungen nach dem Krieg führte zu einer allgemeinen Ausweitung der Verlagsproduktion, doch bereits im Jahr 1922 nahm die Anzahl der nichtperiodischen Verlagstitel im Vergleich zum Vorjahr ab und sank im darauffolgenden Jahr, bedingt durch die Hyperinflation, auf rund 62,3 Prozent des Vorjahreswertes.[165] Bis 1925 blieb die Produktion wegen der wirtschaftlichen Lage insgesamt auf einem niedrigen Niveau. In diesen wirtschaftlich unsicheren Zeiten stiegen trotz des limitierten Absatzmarktes die Anteile der Soziologie als Teil der Rechts- und Staatswissenschaften an der Verlagsproduktion und am Absatz.[166] Dieses Programm bestand bis in die frühen 1930er Jahre fort, bis es nach der »Machtergreifung« der National-

---

162 Vgl. ebd., S.286.
163 Ebd., S.287.
164 Vgl. ebd., S.288f.
165 Vgl. ebd., S.198f.
166 Vgl. ebd., S.638f (Tabelle 10 und Tabelle 11).

sozialisten immer schwieriger wurde, das liberal-demokratische Programm vor dem Einfluss der nationalsozialistischen Regierung zu schützen. Jüdische und »politisch mißliebige Verlagsautoren«[167] unterlagen einem Publikationsverbot, dazu kamen »wachsende Absatzschwierigkeiten, Verkaufsverbote und drohende Säuberungen«[168], die dem Verlag schwer zusetzten und den Umsatz von 1931 bis 1935 auf ein Viertel sinken ließen. Oskar Siebeck beging im Februar 1936 nach einer letzten Unterredung mit den Nationalsozialisten in Berlin Selbstmord.[169]

Paul Siebeck maß seiner Arbeit als engagierter Verleger und Autodidakt ebenso viel Gewicht bei wie der Arbeit des wissenschaftlichen Autors, wobei er »Lebenswerk gegen Lebenswerk«[170] stellte. Er sah die Aufgabe seines Verlags darin, einer Wissenschaft durch verschiedene Titel wie Sammelwerke, Lehrbücher und Zeitschriften eine Struktur zu verleihen und somit die Forschung voranzutreiben.[171] Zugleich stand er als patriarchalische Verlegerfigur an der Spitze des Unternehmens, bei der alle geschäftlichen Absprachen und Detailfragen zusammenliefen.[172] Diese Art der Unternehmensführung wurde von Oskar Siebeck und seinem Bruder weit weniger betrieben, sie traten große Teile der Organisationsarbeit an Mitarbeiter ab.[173]

Dennoch blieben wichtige Aspekte im Verlag Mohr (Siebeck) über beide Generationen erhalten. Ebenso wie sein Vater unternahm auch Oskar Siebeck ausgedehnte Geschäftsreisen und pflegte mit vielen Autoren ein freundschaftliches und informelles Verhältnis.[174] Im Unterschied zu seinem Vater war er jedoch offener gegenüber »neuen Strömungen, Tendenzen und Experimenten [...], sei es im wirtschaftlichen, organisatorischen oder programmatischen Bereich.«[175]

Die Soziologie passte gut in das demokratisch-liberale Programm, welches seinen Schwerpunkt sukzessive auf die Wirtschafts- und Sozialwissenschaften legte. Die Nähe des Verlages zu den Universitäten und Wissenschaftlern war von den Verlegern aktiv gepflegt worden. Vor allem die Kontakte

---

167 Knappenberger-Jans: Verlagspolitik und Wissenschaft, S. 29.
168 Ebd., S. 29.
169 Vgl. ebd., S. 29.
170 Verlag (Paul Siebeck) an Georg von Mayr am 7. Januar 1913. Tutzing. Verlagsarchiv 350. Zitiert nach ebd., S. 23.
171 Vgl. ebd., S. 23.
172 Vgl. ebd., S. 41f.
173 Vgl. ebd., S. 41.
174 Vgl. ebd., S. 33.
175 Ebd., S. 32.

nach Heidelberg, Berlin und Leipzig hatten zu der Erschließung neuer Autoren- und damit auch Leserkreise beigetragen. Die Verbindung zu Heidelberg war vor allem auf Max Weber und seinen Bruder Alfred zurückzuführen.[176] Auch der Nachfolger Max Webers als Herausgeber des *Archivs für Sozialwissenschaft und Sozialpolitik*, Emil Lederer (1882–1939), lehrte in Heidelberg,[177] Werner Sombart, ebenfalls Mitherausgeber des *Archivs*, war in Berlin tätig.[178] Durch die Verbindungen der Wissenschaftler, die als Autoren und Herausgeber für Mohr (Siebeck) arbeiteten, zu ihren Kollegen, generierte die Scientific Community ihre eigene Käuferschicht. Oskar Siebeck sah die Spezialisierung auf wenige Fachrichtungen als Möglichkeit, eine Nische im wissenschaftlichen Markt einzunehmen, die größere, aber mehrheitlich naturwissenschaftliche Verlage wie zum Beispiel der Springer Verlag nicht auf die gleiche Weise ausfüllen konnten.[179] In diesem Sinne stellte er auch vor Autoren in Abgrenzung zu Großverlagen die »besondere[n] Qualitäten des Kleinverlages«[180] heraus, bei dem alle Kraft des Verlegers, »was man von seinem Besten, Persönlichsten in seine Lebensarbeit steckt«[181], in die Arbeit einfloss.

4.2 Duncker & Humblot

Als wichtigste Informationsquelle über den Verlag Duncker & Humblot dient dessen 1998 erschienene Verlagsbibliographie anlässlich des zweihundertjährigen Bestehens, in der sich auch eine Verlagschronik befindet. Diese beruht auf einer Abitursfacharbeit des heutigen Leiters des Verlags, Florian R. Simon, die sich zwar nicht nur auf verlagseigene Dokumente, sondern auch auf externe Quellen und Forschungsliteratur stützt, gleichwohl nicht in Gänze die formalen und inhaltlichen Anforderungen an eine wissenschaftliche Arbeit erfüllt. Dennoch bietet sie Einblicke in die historische Entwicklung des Verlags und sein literarisches Programm.[182]

Der Verlag Duncker & Humblot konnte bereits um 1900 als etablierter, vor allem geisteswissenschaftlich orientierter Verlag gelten. Die Unternehmensgeschichte begann bereits im Jahr 1798, als der Verleger Friedrich Vie-

---

176 Vgl. Stölting: Akademische Soziologie, S. 106.

177 Vgl. Knappenberger-Jans: Verlagspolitik und Wissenschaft, S. 290.

178 Vgl. Stölting: Akademische Soziologie, S. 109.

179 Vgl. Knappenberger-Jans: Verlagspolitik und Wissenschaft, S. 71.

180 Ebd., S. 72.

181 Siebeck, Oskar: Handschriftliches Manuskript an Ferdinand Springer vom 14. April 1922. Mappe ›Fall Springer 1922‹ im Verlagsarchiv. Zitiert nach ebd., S. 72.

182 Vgl. Verlagsbibliographie Duncker & Humblot 1798–1945. Hrsg. von Norbert Simon. Berlin: Duncker & Humblot 1998, S. 11.

weg (1761–1835) seinen ursprünglichen Verlag in Berlin an Heinrich Frölich veräußerte, um in Magdeburg ein neues verlegerisches Unternehmen zu gründen, welches unter dem Namen Friedrich Vieweg und Sohn firmierte. Frölich leitete den Verlag in Berlin, der vor allem geisteswissenschaftliche, historische und philosophische Werke im Programm führte. 1805 trat Carl Friedrich Wilhelm Duncker als Mitarbeiter in Frölichs Geschäft ein, der im selben Jahr starb und dessen Witwe Duncker die Leitung des Verlags vollständig überließ. Um den Verlag jedoch vollständig kaufen und die Summe von insgesamt 11.500 Talern bis 1817 aufbringen zu können, benötigte Duncker pekuniäre und personelle Unterstützung. Er wandte sich an seinen Bekannten Peter Humblot, mit dessen Hilfe er 1809 den Verlag erwerben konnte, der seither, auch über den Tod Humblots im Jahr 1828 hinaus, unter dem Namen Duncker & Humblot firmierte.[183]

1866 verkaufte Carl Duncker den Verlag einschließlich des Namens an Friedrich Wilhelm Carl Geibel und dessen Sohn Stephan Franz Carl Geibel.[184] Bis zu diesem Zeitpunkt hatte Duncker bereits bekannte zeitgenössische Autoren für den Verlag gewinnen können. Während seiner Lehrjahre in Leipzig hatte er Kontakte zu dem Personenkreis um die Salonnière Rahel Varnhagen geknüpft, dem unter anderem Johann Gottlieb Fichte, E. T. A. Hoffmann, Caroline de la Motte-Fouqué, Heinrich Heine, Achim und Bettina von Arnim und Clemens Brentano angehörten. Die Geschichtswissenschaften blieben ein fester Bestandteil des Programms, in dessen Rahmen die wichtige Zusammenarbeit mit dem Historiker Leopold von Ranke etabliert wurde. Im Genre der schönen Literatur erschienen 1815 Goethes *Des Epimenides Erwachen*, sowie Werke von Caroline de la Motte-Fouqué, E. T. A. Hoffmann und Joseph von Eichendorff. Ebenso wurden Übersetzungen von James Fenimore Cooper, Walter Scott und William Shakespeare in das Verlagsprogramm aufgenommen. Dem Gebiet der Philosophie öffnete sich der Verlag mit der Veröffentlichung einer Gesamtausgabe der Werke Georg Friedrich Hegels sowie einer von Karl Rosenkranz verfassten Apologie über Hegels Schriften.[185] Nicht nur die vielfältigen Beziehungen zu Rahel Varnhagens Salon verhalfen dem Verlag in dieser »ersten Blütezeit«[186] zu Autorenkontakten, sondern auch sein Sitz in Berlin. Nachdem das preu-

---

183 Vgl. Verlagsbibliographie Duncker & Humblot 1798–1945. S. 11–15.
184 Vgl. ebd., S. 23.
185 Vgl. ebd., S. 16f.
186 Duncker & Humblot. Der Verlag. Verlagschronik. URL: http://www.duncker-humblot.de/index.php/ verlags_chronik/ [07.06.2016].

ßisch-sächsische Heer 1806 in der Doppelschlacht bei Jena und Auerstedt gegen Napoleon vernichtend geschlagen worden war, mussten Gebiete westlich der Elbe, darunter auch die bedeutende Universitätsstadt Halle an der Saale, abgetreten werden und viele Professoren kamen daraufhin nach Berlin. Die Lage verbesserte sich vollends ab 1810, als Wilhelm von Humboldt damit begann, die Berliner Universität zu gründen.[187] Spätestens nach den Befreiungskriegen von 1813 bis 1814 und dem Ende der napoleonischen Besatzung in Europa blühten das preußische Reich und »insbesondere Berlin als neuer wissenschaftlicher Mittelpunkt«[188] auf; damit verbunden erlebte nun auch der Verlag Duncker & Humblot seinen ersten wirtschaftlichen Höhepunkt.

Nach dem Verkauf des Verlags an Carl Geibel und dessen Sohn Stephan Franz Carl Geibel, der ebenfalls Carl gerufen wurde, siedelte das Geschäft nach Leipzig um, von wo aus Carl Geibel Junior das Unternehmen ab 1874 alleine führte.[189] Er kaufte gemeinsam mit anderen Leipziger Buchhändlern die Pierer'sche Hofbuchdruckerei, in welcher sein Bruder Stephan Geibel die Leitung übernahm und in der bis 1945 »fast alle vom Verlag herausgegebenen Schriften gedruckt«[190] wurden. Unter seiner Ägide wuchsen sowohl das Verlagsprogramm als auch der Autorenstamm, sodass er bei seinem Tod 1910 »einen höchst angesehenen und bekannten wissenschaftlichen Verlag«[191] hinterließ. Bereits zu Beginn seiner Tätigkeit vertiefte Geibel die Verbindung mit dem Historiker Leopold von Ranke, die Duncker zuvor begründet hatte. Die Rechte für Rankes Werke, die andere Verlage innehatten, wurden systematisch aufgekauft, sodass schließlich eine Gesamtausgabe seiner Texte bei Duncker & Humblot erscheinen konnte. Seinen Ruf als Verlag für Geschichtswissenschaften baute Carl Geibel weiterhin mit der Herausgabe der *Allgemeinen Deutschen Biographie* der ›Historischen Commission München‹, diverser Biographien, der *Jahrbücher der Deutschen Geschichte*, *Geschichtsblättern des Hansischen Geschichtsvereins* und diverser historisch-innenpolitischer Aktenstücke des Kurfürsten Friedrich Wilhelm von Brandenburg aus. Auf dem Gebiet der Philosophie erschienen Werke von Wilhelm Dilthey und Georg Simmel.

In den 1870er Jahren erschloss sich der Verlag zudem einen neuen Programmpunkt, namentlich die Wirtschafts- und Sozialpolitik, die erst Mitte

---

187 Vgl. Verlagsbibliographie Duncker & Humblot 1798–1945, S. 13f.
188 Ebd., S. 15.
189 Vgl. ebd., S. 24.
190 Ebd., S. 28.
191 Ebd., S. 31.

des 19. Jahrhundert in Folge der Industrialisierung und der Sozialen Frage aufgekommen war. Es entstand früh ein Kontakt zu dem Historiker und Nationalökonom Gustav Schmoller. 1872 bildete sich unter seiner Führung der VfS, zu dessen Mitbegründern auch Carl Geibel zählte. Duncker & Humblot übernahm das gesamte Schrifttum des Vereins, welches bis zu seiner Selbstauflösung im Jahr 1936 insgesamt 186 Bände umfasste. Zudem erschienen das von Schmoller herausgegebene *Jahrbuch für Gesetzgebung, Verwaltung und Rechtspflege des Deutschen Reiches* und die *Schriften des Vereins für Armenpflege und Wohltätigkeit*, in die Werke der Soziologen Lujo von Brentano und Werner Sombart aufgenommen wurden.[192] Auf die Schriften des VfS und ihre Bedeutung für die im Entstehen begriffene Soziologie wird in Kapitel 5.1 näher eingegangen, während die Rolle Schmollers als Herausgeber des *Jahrbuchs* in Kapitel 5.2 genauer untersucht wird. Nach der Einführung der Sozialgesetze 1887 kaufte Carl Geibel zusammen mit weiteren »wohlhabenden Gesinnungsgenossen«[193] für den Verlag Duncker & Humblot die Zeitschrift *Soziale Praxis*. Mit dem Journalisten und Sozialpolitiker Ernst Francke als Herausgeber widmete sich die Zeitschrift der Sozialpolitik, der Sozialreform und der Weiterentwicklung der Sozialgesetze.[194]

Nach dem Tod Carl Geibel Juniors im Jahr 1910 verlegte sein Sohn und Nachfolger Stephan Franz Carl Geibel den Verlag nach München, widmete sich jedoch wenig den Verlagsgeschäften und setzte als Stellvertreter den Rechtsanwalt Dr. phil. Ludwig Feuchtwanger, einen Bruder des Schriftstellers Lion Feuchtwanger, ein. Die Menge der Publikationen nahm in der Folgezeit ab, beeinflusst durch die bereits geschilderten politischen und wirtschaftlichen Umstände im Ersten Weltkrieg und der Weimarer Republik. Dennoch befanden sich unter den publizierten Werken Texte der Wirtschaftswissenschaftler Josef Alois Schumpeter und John Maynard Keynes, aber auch wichtige Schriften von Georg Simmel und Max Weber, so etwa *Politik als Beruf* und *Wissenschaft als Beruf*, und auch Werner Sombart konnte noch enger an den Verlag gebunden werden.[195] Ab 1921 arbeitete der Verlag zudem mit dem kurz zuvor gegründeten ›Kölner Forschungsinstitut für Sozialwissenschaften‹ zusammen und brachte die Schriften des Forschungsinstituts und die

---

192 Vgl. Verlagsbibliographie Duncker & Humblot 1798–1945, S. 24–28.
193 Ebd., S. 27.
194 Vgl. ebd., S. 27f.
195 Vgl. ebd., S. 31–33.

Zeitschrift *Kölner Vierteljahreshefte für Sozialwissenschaften*, die ab 1923 als offizielles Organ der DGS dienten, heraus.[196]

Nach der Ernennung Adolf Hitlers zum Reichskanzler im Januar 1933 und der von den Nationalsozialisten so bezeichneten »Machtübernahme« musste Feuchtwanger seine Arbeit im Verlag einstellen. Im Jahr 1935 wurde er in das Konzentrationslager Dachau gebracht, aus dem ihn sein Bruder Lion freikaufen konnte. Er emigrierte nach England, wo er 1947 starb. Der unerfahrene Stephan Carl Geibel verwaltete den Verlag notgedrungen, in dem er Verlagsrechte verkaufte und wenige neue Werke in das Programm einfügte, bis er den Verlag schließlich 1938 an Johannes Broermann verkaufte,[197] der den Verlag neuerlich nach Berlin verlegte.[198]

Die Sparte der Soziologie hatte jedoch zu diesem Zeitpunkt schon einen festen Platz im Programm des Verlags Duncker & Humblot. Carl Geibel Junior hatte für diese Entwicklung den Grundstein gelegt.

Der Verlag hatte unter Carl Duncker und seinem Vater, Carl Geibel Senior, mit seinen geschichtlichen und geschichtswissenschaftlichen, geographischen, philosophischen und belletristischen Werken bereits ein großes Programm vorzuweisen und sich darüber hinaus einen bekannten Namen gemacht. Dennoch hatte Carl Geibel Junior das »völlig neue Sachgebiet«[199] Wirtschafts- und Sozialpolitik in den Verlag aufgenommen. Diese Entscheidung fiel in eine Zeit, als die Sozialpolitik und die damit verbundenen Forschungen in ihren Anfängen standen und erst langsam institutionalisiert wurden. Mit der Herausgabe der Schriften des VfS und der Akquise von Vereinsmitgliedern als Autoren, wie zum Beispiel Gustav Schmoller und Werner Sombart, bediente der Verlag früh eine spezielle Zielgruppe in der Scientific Community, deren Mitglieder zum Teil sowohl Autoren und Beiträger als auch Leser waren. Sein Profil als soziologischer Verlag schärfte Duncker & Humblot auch in der Weimarer Republik.

Das neue Sachgebiet fügte sich zusammen mit den Rechtswissenschaften in die Reihe der historisch-geisteswissenschaftlichen Genres ein, und auch sozialpolitisch und soziologisch Interessierte außerhalb des VfS und der DGS wurden angesprochen. Soziologie wurde jedoch nicht nur aus wirtschaftlichen Überlegung in das Verlagsprogramm aufgenommen. Carl Geibel Junior

---

196 Vgl. Schneider: Der wissenschaftliche Verlag, S. 406.
197 Vgl. Verlagsbibliographie Duncker & Humblot 1798–1945, S. 37.
198 Vgl. ebd., S. 42.
199 Ebd., S. 26.

selbst war Gründungsmitglied und zeitweise Schriftführer des VfS und nahm »lebendigen Anteil an den großen schwebenden sozialen Tagesfragen«[200]. Die Zeitschrift *Soziale Praxis*, die er zusammen mit seinen »Gesinnungsgenossen« für den Verlag erworben hatte, sollte aktiv zur »Weiterentwicklung der von Bismarck 1887 begonnenen Sozialgesetze«[201] beitragen. Sozialpolitik und Soziologie waren für Carl Geibel nicht nur Teile des verlagswirtschaftlichen Kalküls, sondern seiner persönlichen Überzeugung geschuldet.

4.3 Ferdinand Enke Verlag

Anders als der Verlag Duncker & Humblot entwickelte sich der Ferdinand Enke Verlag bis in die 1930er Jahre hinein vor allem zu einem bekannten Fachverlag für Medizin, Tierheilkunde und Naturwissenschaften.

Der Jubiläumskatalog zum hundertjährigen Bestehen des Enke Verlags aus dem Jahr 1937 enthält neben der Verlagsbibliographie ein Vorwort, in dem die Geschichte des Verlags umrissen, jedoch nur in einem Absatz auf die sozialwissenschaftlichen Publikationen eingegangen wird. Dieses Geleitwort politisiert die Verlagsgeschichte zwar nicht dezidiert, steht jedoch unter dem Einfluss der nationalsozialistischen Machthaber, was am Ende deutlich wird, wenn es heißt, dass »im Bereiche der Wissenschaft [...] Dank der zielbewussten Führung durch Adolf Hitler eine erfreuliche Neubelebung auf allen Gebieten«[202] offenbar würde. Die Verlagsgeschichte, die 1987 publiziert wurde, beschränkt sich in Bezug auf die Soziologie vor dem Zweiten Weltkrieg vor allem auf eine Aufzählung der wichtigsten Titel und Autoren, geht jedoch umfangreicher auf die allgemeine Entwicklung des Verlags und seiner Produkte ein, sodass sich ein Bild von der prägenden Verlegerpersönlichkeit Alfred Enkes und der allgemeinen Ausrichtung und Führungsweise des Verlags ergibt.[203]

Johann Ernst August Enke (1782–1846), genannt Ernst, führte in Erlangen seit 1816 die Verlags- und Sortimentsbuchhandlung seines Onkels Johann Jakob Palm unter dem Namen Palm & Enke.[204] 1837 wurde das Sortimentsgeschäft der Buchhandlung abgezweigt und an seinen ältesten Sohn, Ferdin-

---

200 Jäger: Der wissenschaftliche Verlag, S. 457.

201 Verlagsbibliographie Duncker & Humblot 1798–1945, S. 28.

202 100 Jahre Ferdinand Enke Verlagsbuchhandlung Stuttgart. Jubiläumskatalog 1837–1937. Stuttgart: Ferdinand Enke Verlagsbuchhandlung 1937, S. XV.

203 Vgl. 150 Jahre Ferdinand Enke Verlag. Ein Abriß der Verlagsgeschichte. Stuttgart: Ferdinand Enke Verlag 1987.

204 Vgl. 100 Jahre Ferdinand Enke, S. VII.

and Enke (1810–1869), für 10.000 Gulden verkauft, sodass dieses Datum als Gründungsjahr des Verlags angesehen wird.[205] Bereits in einem Rundschreiben zur Übernahme des väterlichen Betriebs kündigte Ferdinand Enke an, »Verlagsanerbietungen, wobei Aussicht gegeben ist, auf die Kosten zu kommen«[206] zu unternehmen, also aus dem Sortiment eine Verlagsbuchhandlung machen zu wollen. Die Verbindung von Sortiment und Verlag wurde jedoch bereits 1847 namentlich getrennt, wobei der Verlag unter dem Namen »Ferd. Enke's Verlagsbuchhandlung« firmierte, während das Sortiment als »Ferd. Enke's Universitätsbuchhandlung« weiterlief und 1868 schließlich verkauft wurde.[207] Das Verlagsprogramm der ersten Jahre war von einer Diversität der Themen geprägt, die noch nicht auf einen künftigen Spezialverlag schließen ließ. Als junger Verlag und in Konkurrenz zu der alteingesessenen Verlagsbuchhandlung seines Vaters konnte sich Ferdinand Enke »wohl kaum den Luxus einer Beschränkung auf ihn besonders interessierende Gebiete leisten«[208], schöne Literatur war nur in Ausnahmen vertreten. 1839 verlegte er das erste medizinische Werk, *Die Krankheiten des höheren Alters* von Carl Friedrich Canstatt, welcher zu einem wichtigen Autor des Enke Verlags wurde.[209] Zusammen mit Gottfried Eisenmann wurde er ab 1842 zum Herausgeber der *Jahresberichte über die Fortschritte der gesamten Medicin in allen Ländern*, in denen über 150 Zeitschriften aus ganz Europa ausgewertet wurden, und die trotz ihrer Fülle und Unübersichtlichkeit dem Verlag von Beginn an einen großen Erfolg bescherten.[210] Daraufhin folgten weitere erfolgreiche medizinische Publikationen,[211] welche »die Stellung von Ferdinand Enke als medizinischem Verlag endgültig festigte[n].«[212]

Als Ferdinand Enke im Jahr 1869 starb, war sein designierter Nachfolger, sein Sohn Alfred Enke (1852–1937), erst 17 Jahre alt und hatte seine buchhändlerische Ausbildung noch nicht abgeschlossen. Als Prokurist wurde der langjährige Mitarbeiter Paul Wagner eingesetzt. Der Verlag sollte verkauft werden, was jedoch zweimal scheiterte. Alfred Enke übernahm das väterliche Geschäft schließlich 1874 im Alter von 22 Jahren und siedelte ihn mit

205 Vgl. 150 Jahre Ferdinand Enke Verlag, S. 7.
206 Ferdinand Enke zitiert nach: 150 Jahre Ferdinand Enke Verlag, S. 10.
207 Vgl. ebd., S. 8–10.
208 Ebd., S. 11.
209 Vgl. ebd., S. 12.
210 Vgl. ebd., S. 16.
211 Vgl. ebd., S. 29–31.
212 Ebd., S. 31.

Hilfe des Prokuristen Wagner nach Stuttgart über. Zu den vom Vater übernommen Themengebieten gehörten neben der Medizin und der Naturwissenschaft auch die Jurisprudenz, die neben der Rechts- und Staatswissenschaft auch die Nationalökonomie beinhaltete. Zusammen nahmen diese Gebiete über achtzig Prozent des Programms ein. Dazu kamen zum Beispiel Werke aus den Gebieten Theologie, Pädagogik und Geschichte, die jeweils nur zwei Prozent am Gesamtanteil hielten, ebenso wie der Anteil von »Vermischtem und Kunst«. Der Verlag wuchs im Zentrum des süddeutschen Buchhandels weiter an, sodass Alfred Enke 1880 ein eigenes repräsentatives Verlagsgebäude errichten ließ, welches zugleich als Wohnhaus für seine Familie diente und im Stil der italienischen Renaissance gestaltet war. In Stuttgart erfolgreich und als Verleger gut situiert, konnte Alfred Enke trotz des zurückliegenden Umzugs das Grundstück und den Bau des neuen Hauses finanzieren. Alfred Enke stand bis zu seinem Tod 1937 über sechzig Jahre an der Spitze des Verlags, ohne die eigentliche Verlagsführung an seine Söhne abgegeben zu haben. In dieser Zeit kamen im Verlagsprogramm zu der Kernsparte Medizin weitere Disziplinen hinzu, darunter die Veterinärmedizin und die Naturwissenschaften, in deren Rahmen auch die Sparte »Technik« ausgebaut wurde. Die Rechtwissenschaften, die bereits unter Ferdinand Enke im Programm zu finden waren, wurden weiter betreut und durch die Gründung neuer Reihen und Zeitschriften ergänzt.[213]

Die Soziologie wurde erst ab 1932 im Verlagskatalog erwähnt, aufgelistet im Zusammenhang mit den Geisteswissenschaften unter dem Punkt »Sozialwissenschaften« mit dem Unterpunkt »Soziologie. Sozialpolitik. Fürsorge- und Vereinswesen.«[214] Dieser Teil des Programms erwuchs aus den Rechts- und Staatswissenschaften, denen zu Beginn des 20. Jahrhunderts die Gesellschaftswissenschaften und die Weltwirtschaftslehre angegliedert worden waren.[215] Bei den ersten Titeln handelte es sich um rechts- oder staatswissenschaftliche Werke. Es erschienen »jedoch auch die ersten rein soziologischen Werke des Verlages«[216], die augenscheinlich im Spiegel des Ersten Weltkriegs entstanden, so etwa 1915 *Der Krieg im Lichte der Gesellschaftslehre* von W. Jerusalem.[217] In den 1920er Jahren schließlich veröffentlichten »re-

---

213 Vgl. 150 Jahre Ferdinand Enke Verlag, S. 38–61.
214 Ebd., S. 64.
215 Vgl. 100 Jahre Ferdinand Enke, S. XIV.
216 150 Jahre Ferdinand Enke Verlag, S. 64.
217 Vgl. ebd., S. 64.

nommierte[] Soziologen der jüngeren Generation«[218] bei Enke. Nach der *Gesellschaftslehre* von Alfred Vierkandt folgten zu Beginn des dritten Jahrzehnts Veröffentlichungen von Ferdinand Tönnies, Theodor Geiger und Alfred von Martin, sowie Vierkandts *Handwörterbuch der Soziologie*. Die sukzessive Einführung der Soziologie als neues Wissenschaftsgebiet war jedoch vor allem der Situation des Verlags in den 1920er Jahren geschuldet. Direkt nach dem Krieg konnte der Verlag den Produktionsumfang zwar stabilisieren, musste jedoch in der Inflationszeit die allgemeine Titelproduktion reduzieren. Waren im Jahr 1913 noch 119 Titel erschienen, verringerte sich die Produktion bis 1927 auf 51 Titel pro Jahr. Alfred Enke reagierte in dieser Phase mit einer Diversifizierung seines Verlagsprogramms, um neue Käuferkreise anzusprechen und nahm aus diesem Grund die Soziologie in das Programm auf.[219]

Die Positionierung der Soziologie im gesamten Verlagsprogramm zeugt davon, dass diese Disziplin im Enke Verlag erst spät als Nebenprodukt anderer Fächer dem Programm hinzugefügt wurde. Sie blieb bis 1933 ein Anhängsel der Rechts- und Staatswissenschaft und der Nationalökonomie, eingeordnet unter den Geisteswissenschaften. Doch mit bekannten Soziologen als Autoren und den Standardwerken *Einführung in die Soziologie* von Tönnies[220] und *Handwörterbuch der Soziologie* von Vierkandt im Programm legte der Ferdinand Enke Verlag Ute Schneider zufolge »den Grundstein für seine Reputation nach 1945«[221].

Während in den Verlagen Mohr (Siebeck) und Duncker & Humblot die Soziologie durchaus aufgrund von persönlichen Interessen der Verleger eine wichtige Rolle im Verlagsprogramm spielte und bereits in ihren Anfängen aufgegriffen wurde, kam es im Enke Verlag vergleichsweise spät zur Veröffentlichung sozialwissenschaftlicher Werke. Hinzu kamen die persönlichen Verbindungen Paul Siebecks und Carl Geibels zu ihren Autoren, die weitere Veröffentlichungen und die Akquise neuer Schriften und Autoren nach sich zogen. Alfred Enke jedoch unterhielt mit keinem seiner Autoren eine engere oder freundschaftliche Beziehung, um welches Genre es sich auch handelte. Er ist vor allem als Geschäftsmann zu sehen, der das Verlagsprogramm hauptsächlich aus Kalkül, kaum aus persönlicher Neigung heraus pflegte.[222]

---

218 Schneider: Der wissenschaftliche Verlag, S. 408.
219 Vgl. Schneider: Der wissenschaftliche Verlag, S. 387.
220 Vgl. 100 Jahre Ferdinand Enke, S. 444.
221 Schneider: Der wissenschaftliche Verlag, S. 408.
222 Vgl. ebd., S. 69f.

Der Enke Verlag galt in erster Linie als Fachverlag für Medizin und Naturwissenschaften, die Rechts- und Staatswissenschaften wurden seit den Anfängen des Verlags im Programm gepflegt, die Soziologie kam erst spät aus verlagsstrategischen Gründen hinzu. Trotzdem handelte es sich bei dem Ferdinand Enke Verlag um einen weithin bekannten und anerkannten Fachverlag, dessen Name allein für sich warb. Die publizierten Titel mussten gewinnbringend genug sein, um von dem Geschäftsmann Enke im Programm belassen oder erneut aufgelegt zu werden. Im Jubiläumskatalog zum hundertjährigen Bestehen 1937 finden sich in der Sparte »Sozialwissenschaft. Sozialpolitik. Fürsorgewesen« 53 Werke von 46 Autoren, darunter zwei Handbücher[223] und mit Vierkandt, Tönnies und von Martin erschienen soziologische Autoren im Verlag, deren Werke vielfach rezipiert wurden. Vor allem das *Handwörterbuch* von Vierkandt, dessen Bedeutung in Kapitel 5.3 untersucht wird, wurde in der soziologischen Community als großer Erfolg bewertet.

223 Vgl. 100 Jahre Ferdinand Enke, S. 443f.

5 SOZIOLOGEN ALS AUTOREN UND HERAUSGEBER

So unterschiedlich das Programm der drei Verlage Mohr (Siebeck), Duncker & Humblot und Ferdinand Enke bis 1933 aufgestellt war, einte sie doch die Programmsparte der Soziologie. Dabei galt für sie, wie für alle wissenschaftlichen Verlage, dass die Werke nur durch die Mitarbeit von Wissenschaftlern zustande kommen konnten: Der Wissenschaftler kann nicht nur als Autor eine Handlungsrolle im Entstehungsprozess neuer Titel einnehmen, sondern auch als Herausgeber oder Verlagsberater.[224] Wie bereits in Kapitel 3 dargelegt wurde, unterliegt er als Autor dem Publikationsgebot der Scientific Community, in welcher er eine möglichst große Wirkung erzielen und seine Reputation erhöhen will. Der Verlag greift auf den Wissenschaftler aber auch als Herausgeber und Berater zurück. Damit macht er sich das Spezialwissen und die Expertise eines Fachmanns zunutze, der für den Verleger die möglichen Inhalte der Veröffentlichungen überprüft und bewertet. Diese Kontrollinstanz basiert auf der Gegebenheit, dass sich die Mitglieder einer Wissenschaftsgemeinde innerhalb des peer review-Systems selbst kontrollieren, um die Korrektheit der Informationen zu garantieren. Die Beurteilung wissenschaftlicher Aussagen durch Mitglieder der Scientific Community dient dem Verlag als Mittel zur Qualitätssicherung und wissenschaftlicher und ökonomischer Bewertung potentieller wissenschaftlicher Inhalte.[225]

Die Rolle des Verlegers, der sowohl wissenschaftlich als auch wirtschaftlich arbeiten muss, besteht indessen nicht nur in der passiven Funktion, wissenschaftliche Manuskripte in einer passenden Publikationsform zu veröffentlichen. Er selektiert durch die Publikationen Informationen und kann

---

224 Vgl. Lembrecht: Wissenschaftsverlage im Feld der Physik, S. 124.
225 Vgl. ebd., S. 124.

damit die wissenschaftliche Kommunikation beeinflussen. Insbesondere überblicksartige Werke, die Wissen systematisieren, zusammenführen oder für Lehrzwecke bestimmt sind, zum Beispiel Lehr- und Handbücher, Lexika und Enzyklopädien, können auf Initiative des Verlegers entstehen, »da er aufgrund seiner kaufmännischen Erfahrung meist in der Lage ist, deren Markterfolg besser abzuschätzen als der Autor oder Herausgeber.«[226]

Die Wahl der Publikationsform spiegelt auch »den jeweiligen Stand in der Produktion von Erkenntnis«[227] in einer wissenschaftlichen Disziplin oder auf einem Forschungsgebiet wieder. So können Zeitschriften in dem Institutionalisierungsprozess einer Disziplin eine wichtige Rolle spielen. Lehrbücher, historiographische und Überblickswerke hingegen setzen einen höheren Entwicklungsstand der Wissenschaft und einen Konsens darüber voraus, was innerhalb der Disziplin als gesichertes Wissen gilt.[228] Im Gegensatz zu den ›exakten‹ (Natur-)Wissenschaften verfügen die hermeneutischen Wissenschaften, zu denen auch die Soziologie zählt, in geringerem Maße über systematisierbares Wissen, das von allen Teilen der Scientific Community akzeptiert wird. So fanden sich anstelle von klassischen Lehrbüchern gerade in der Etablierungsphase unkommentierte Überblickswerke und »Dogmengeschichten der Disziplin, die die Ein- und Ausgrenzungen«[229] vollzogen.

5.1 Die Schriften des Vereins für Socialpolitik (VfS) und der Deutschen Gesellschaft für Soziologie (DGS)

Sowohl der ›Verein für Socialpolitik‹ als auch die ›Deutsche Gesellschaft für Soziologie‹ waren wichtige Vereinigungen für deutsche Nationalökonomen, Sozialpolitiker und Soziologen. Ihre Ideologie unterschied sich vor allem in der Frage, wie Sozialwissenschaft zu betreiben sei und auch die vereinsinterne Kommunikation in Form ihrer Schriften gestaltete sich in beiden Vereinen unterschiedlich. Während der VfS bereits zu Beginn ein umfangreiches selbstständiges Schrifttum aufbaute, publizierte die DGS vor allem Vereinsnachrichten und Tagungsberichte.

Der VfS entstand im Oktober 1872 vor dem Hintergrund der Gründung des Deutschen Kaiserreichs im Jahr zuvor. Der Verein wollte eine Gegenströmung zum vorherrschenden volkswirtschaftlichen Liberalismus bilden, wel-

---

226 Holl: Produktion und Distribution wissenschaftlicher Literatur, S. 21.
227 Ebd., S. 18.
228 Vgl. Stölting: Akademische Soziologie, S. 145.
229 Ebd., S. 145.

cher die Folgen der Industrialisierung für die Arbeiterklasse und die Existenz einer Sozialen Frage bestritt.[230] Für die erste Zusammenkunft mit dem Ziel einer Vereinsgründung wurden vor allem Akademiker, aber auch Zeitungsredakteure, Arbeiterführer, hohe Beamte und Fabrikanten eingeladen, darunter auf Anregung des Professors für Nationalökonomie Adolf Held, der Autor bei Duncker & Humblot war,[231] auch der Verleger Carl Geibel.[232] Geibel wurde zusammen mit namhaften Nationalökonomen und sozialpolitisch Interessierten (darunter Gustav Schmoller, Lujo Brentano und Werner Sombart), dem Buchhändler Franz Duncker und Richard Härtel, dem Präsidenten des Buchdruckerverbandes, zu einem Gründungsmitglied des VfS.[233] Ziel des Vereins war es, Kenntnisse über die sozialen und wirtschaftlichen Verhältnisse zu sammeln, um die »sich ständig durch die fortschreitende Industrialisierung verändernde Gesellschaft durchschaubar und regierbar zu machen.«[234] Dabei ging es vor allem um die Erhebung von Daten und die Beurteilung sozialer Tatsachen. In der Zeit nach der Jahrhundertwende wurden vor allem die Handels-, Verkehrs- und industrielle Wirtschaftspolitik im Reich zu Themen des VfS, was vor allem der Wirtschaftsentwicklung des Imperialismus, der gewandelten innenpolitischen Situation und dem Interesse der jüngeren Mitglieder geschuldet war.[235] Es kam zu Differenzen zwischen der jüngeren und der älteren Generation im Verein. Die konservative Position der Sozialpolitik, die unter anderem von Gustav Schmoller vertreten wurde, plädierte für einen Eingriff des Staates, wo »die Wirtschaftsinteressen über die ›wichtigeren ethischen und politischen triumphiert hätten‹«[236]. Nur mit der Beibehaltung der vorherrschenden Staatsform und der existierenden gesellschaftlichen Klassen könne überhaupt eine Verbesserung der gesellschaftlichen Umstände erreicht werden. Technische und wirtschaftliche Fortschritte wurden von ihnen kritisch bewertet und dürften nur dort unterstützt werden, wo eine führende Stellung der maßgeblichen Klassen nicht gefährdet würde. Die jüngere Generation, angeführt von Max und Alfred

<hr>

230 Vgl. Gorges, Imela: Sozialforschung in Deutschland 1872–1914. Gesellschaftliche Einflüsse auf Themen- und Methodenwahl des Vereins für Socialpolitik (Schriften des Wissenschaftszentrums Berlin. Generalsekretariat 14). Königstein/Taunus: Verlag Anton Hain 1980, S.7.

231 Vgl. Verlagsbibliographie Duncker & Humblot 1798–1945, S.111.

232 Vgl. Boese, Franz: Geschichte des Vereins für Sozialpolitik 1872–1932. Berlin: Duncker & Humblot 1939, S.4.

233 Vgl. ebd., S.12.

234 Gorges: Sozialforschung in Deutschland 1872–1914, S.119.

235 Vgl. ebd., S.340f.

236 Ebd., S.331f.

Weber und Werner Sombart, war gegen eine Intervention des Staates und den Erhalt des bestehenden Klassensystems.[237] Jeder technische und wirtschaftliche Fortschritt könne dazu dienen, »die Leiden zu mildern und neue gesunde Zustände«[238] schaffen. Die Differenzen waren auch wissenschaftlicher Art. Während der ›linke Flügel‹ forderte, dass Theorien und Methoden verstärkt zum Diskussionsgegenstand im Verein gemacht werden müssten und die Methode des VfS kritisierten, sah die Rechte noch immer die Beeinflussung der praktischen Sozialpolitik als Vereinsziel. Max Weber verwahrte sich gegen die Verbindung von Wissenschaft und »Werturteil«. Auf der Vereinstagung im Herbst 1909 kam es zu dem eigentlichen Ausbruch des »Werturteilstreits«, der sich bis 1914 zog und bei dem auch nach mehreren Folgetagungen keine Annäherung der beiden Seiten zustande kam.[239]

Im gleichen Jahr war es bereits zu einem Differenzierungsprozess gekommen, als eine Fraktion des VfS, darunter die Brüder Weber und Werner Sombart, im Januar 1909 die DGS gegründet hatte.[240] Nach dem Ersten Weltkrieg und dem Sturz der Monarchie war der Verein in einer unsicheren Position, doch bereits 1919 trat die Versammlung wieder zusammen.[241] In der Weimarer Republik wurden in Folge der wirtschaftliche Krisen und der Inflation vor allem wirtschaftliche Themen zu Währungsverhältnissen und der »Verarmung Deutschlands«, sowie die deutsche Handelspolitik behandelt.[242] Die letzte ordentliche Tagung des VfS fand 1932 in Dresden statt.[243] Im Zuge der »Gleichschaltung« durch die Nationalsozialisten ab 1933 war es für den Verein weder möglich, sich »den politischen noch den wissenschaftlichen noch den persönlich-gesellig-beruflichen Aufgaben«[244] zu widmen, die er erfüllen wollte. Der Vorsitzende Constantin von Dietze löste den VfS nach dem »Scheitern aller Versuche [...] mit den Behörden oder maßgebenden Persönlichkeiten der NSDAP. [sic] Fühlung zu nehmen«[245] im Dezember 1936 auf.

Der VfS zeichnete sich neben seinen regelmäßigen Tagungen vor allem durch sein umfangreiches Schriftenwesen aus. Die praktische Einflussnahme auf die Sozialpolitik sollte durch wissenschaftliche Untersuchungen unter-

---

237 Vgl. Gorges: Sozialforschung in Deutschland, S. 332.
238 Ebd., S. 332.
239 Vgl. Kaesler, Dirk: Max Weber. München: C. H. Beck 2011, S. 72.
240 Vgl. Neef: Die Entstehung der Soziologie aus der Sozialreform, S. 69f.
241 Vgl. Boese: Geschichte des Vereins für Sozialpolitik, S. 156.
242 Vgl. ebd., S. 185f.
243 Vgl. ebd., S. 237.
244 Ebd., S. 278.
245 Ebd.

stützt werden, sodass der VfS neben der administrativen Vereinskommunikation vor allem eine große Anzahl an Enquêten und Vereinsschriften herausbrachte.

Die Reihe *Schriften des Vereins für Socialpolitik* wurde von Duncker & Humblot verlegt, nachdem Carl Geibel, »der ja in den Ausschuss gewählt worden war [, sich] offenbar eifrig für die Übernahme der Schriften in seinen Verlag erboten hatte.«[246] Dabei waren die ersten Teile der Reihe bereits vor der offiziellen Gründung des Vereins entstanden, weil die Vorbereitung auf die Gründungstagung 1873 durch gedruckte »Gutachten« unterstützt werden sollte, die an die Teilnehmer geschickt wurden.[247] Diese Gutachten bereiteten die Themen vor, die in den Generalversammlungen diskutiert werden sollten. Nachdem der Vereinsausschuss ein Thema beschlossen hatte, entwickelte er einen Fragebogen, in dem die wichtigsten Aspekte festgelegt wurden, welche das Gutachten umfassen sollte. Jener Fragebogen wurde daraufhin ausgewählten Mitgliedern mit der Aufforderung zugesandt, eine Arbeit zu dem Thema anzufertigen. So arbeiteten allein bis 1979 an den ersten elf Themen des Vereins 73 Gutachter.[248] An diesem Vorgehen wurde in Ansätzen bis zu der Auflösung des Vereins festgehalten.[249] Einen zweiten Anteil an den Schriften bildeten die »Enquêten«. Es handelte sich hierbei um intensive, oft reichsweite Untersuchungen, die von der Regierung angestellt wurden. Sie beauftragte eine Behörde mit der Durchführung der Untersuchung, die auf schriftlichem Weg oder durch mündliche Befragungen die geforderten Informationen einholte. Das ursprüngliche Material wurde nicht veröffentlicht, sondern erst in einer geordneten Form zugänglich gemacht.[250] Der Verein stellte an die Regierung Anträge, Enquêten zu verschiedenen Themen durchzuführen, da zumeist »keine andere Form der ›Wirtschafts- und Sozialforschung‹ als die vom Staat durchgeführten Enquêten bekannt war«[251] und den Gutachtern des Vereins häufig nicht genügend Material vorlag. Nachdem der Verein zu Beginn Enquêten im Auftrag der Regierung durchgeführt hatte, organisierte er auch vereinsintern Untersuchungen solcher Art. Dadurch wurden die Enquêten »lediglich eine Ansammlung von Monographi-

---

246 Boese: Geschichte des Vereins für Sozialpolitik, S.14.
247 Vgl. ebd.
248 Vgl. Gorges: Sozialforschung in Deutschland, S.103.
249 Vgl. ebd., S.96.
250 Vgl. ebd., S.115f.
251 Ebd., S.104.

en über soziale und wirtschaftliche Tatbestände«[252], die von einer Einzelperson oder Vereinigung in Auftrag gegeben werden konnte. Im Zuge dieser Entwicklung nahm die Forderung nach objektiver Datenerhebung und Wissenschaftlichkeit bei den Untersuchungen zu.[253] Diese Anfänge der Sozialforschung, das Sammeln von Informationen über die soziale und wirtschaftliche Realität, entsprangen dem praktischen Bedürfnis, die sich durch die Industrialisierung wandelnde Gesellschaft »durchschaubar und regierbar zu machen.«[254] Der Verein wollte die gewonnen Daten analysieren, um Gesetzesvorschläge zu formulieren.

Eine dritte Form der *Schriften des Vereins für Socialpolitik* waren die Protokolle und Berichte der Versammlungen des Vereins selbst, denen zum Teil die stenographischen Aufzeichnungen der Schriftführer zugrunde lagen, wie zum Beispiel die erste Verhandlung »zur Besprechung der Sozialen Frage«[255], die 1872 der Vereinsgründung vorangegangen war und Referate von Lujo Brentano und Gustav Schmoller enthielt. Die Schriften des Vereins umfassten bis zu seiner Auflösung im Jahr 1936 188 Bände, die zum Teil in einzelne Abteilungen untergliedert und thematisch geordnet waren. Die behandelten Gegenstände reichten dabei über das deutsche Wirtschaftsleben, Gemeindefinanzen, »Berufswahl und Berufsschicksal«[256] der Arbeiter in der Großindustrie bis hin zu der »Ansiedlung von Europäern in den Tropen«[257]. Die einzelnen Titel enthielten wiederum häufig mehrere Gutachten, Referate, Enquêten und Berichte zum jeweiligen Themenschwerpunkt und umfassten bis zu über 890 Seiten.[258] Der letzte Band, die Geschichte des Vereins, erschien 1939 nach der Auflösung des Vereins im Auftrag des Liquidationsausschusses und schloss die Reihe der Veröffentlichungen ab.[259]

»Die Veranlassung monographischer Untersuchungen über einzelne brennende Fragen«[260] wurde zu einem Schwerpunkt der Vereinsarbeit. Durch die Behandlung aktueller Themen wurden sie zu einem Spiegel der Wirtschafts- und Sozialpolitik im Kaiserreich und der Weimarer Republik und galten als wichtiger Beitrag auf dem Gebiet der Wirtschaftswissenschaf-

---

252 Gorges: Sozialforschung in Deutschland, S. 511.
253 Vgl. Gorges: Sozialforschung in Deutschland, S. 511.
254 Ebd., S. 119.
255 Boese: Geschichte des Vereins für Sozialpolitik, S. 305.
256 Ebd., S. 313.
257 Ebd., S. 316.
258 Vgl. ebd., S. 305–322.
259 Vgl. ebd., S. 322.
260 Ebd., S. 19.

ten. Viele Soziologen, wie Werner Sombart, Alfred Weber und Emil Lederer blieben trotz des Werturteilsstreits und der Gründung der DGS im Jahr 1909 bis zur Auflösung Mitglieder des VfS und arbeiteten an den *Schriften des Vereins für Socialpolitik* mit. Mit dem Verlag Duncker & Humblot hatte der Verein einen Partner, der ihm auch aus persönlichen Gründen verbunden war. Die veröffentlichten Schriften waren nicht nur ein Kommunikationsmittel innerhalb des Vereins, sondern wirkten auch ein auf die Anschlusskommunikation in der Scientific Community der Nationalökonomen und Soziologen.

Die DGS entstand in einem Differenzierungsprozess innerhalb des VfS. Dabei spielte der Werturteilsstreit, den vor allem Max Weber über die Rolle von Wertungen in der Wissenschaft führte, eine Rolle, war aber nicht der einzige Grund für die Gründung einer neuen soziologischen Vereinigung. Die Gründungsmitglieder wollten den konkreten Gegenstand der Soziologie unter Loslösung von (sozial-)politischen Aspekten in den Mittelpunkt stellen.[261] 39 Wissenschaftler, welche die junge Soziologie fördern wollten, gründeten daraufhin im Januar 1909 die DGS. Unter den Gründungsmitgliedern befanden sich Max Weber, Georg Simmel, Werner Sombart, Alfred Vierkandt und Alfred Weber.[262] Ferdinand Tönnies wurde zum Vorsitzenden gewählt und bis 1933 in dieser Position bestätigt.[263] Die Idee der Wertfreiheit wurde in die Satzung der DGS aufgenommen, welche die Soziologie durch wissenschaftliche Untersuchungen, »durch Veröffentlichung rein wissenschaftlicher Arbeiten und durch Organisation von periodisch stattfindenden deutschen Soziologentagen«[264] fördern sollte. Bis zum Beginn des Ersten Weltkrieges fanden zwei Soziologentage statt. Danach wurde die DGS von dem Forschungsinstitut für Sozialwissenschaften in Köln wieder ins Leben gerufen. Die Satzung wurde verändert, sodass die DGS nun als Gelehrtengesellschaft definiert wurde, die den Austausch zwischen den Mitgliedern mit Hilfe von Soziologentagen fördern sollte. Zu ihrem Schwerpunkt wurden die Probleme »der reinen und der angewandten Soziologie unter Einschluß der Sozialpolitik«[265], was einer thematischen Wiederannäherung an den VfS

---

261 Vgl. Glatzer, Wolfgang: Deutsche Gesellschaft für Soziologie (DGS) – die akademische soziologische Vereinigung seit 1909. In: Soziologie in Deutschland. Entwicklung, Institutionalisierung und Berufsfelder. Theoretische Kontroversen. Hrsg. von Bernhard Schäfers. Opladen: Leske + Budrich 1995, S. 215–230, hier S. 217f.
262 Vgl. ebd., S. 216f.
263 Vgl. ebd., S. 227.
264 Ebd., S. 218.
265 Ebd., S. 218.

gleichkam. Dennoch bemühte sich die DGS weiterhin um die Bestimmung der Soziologie als eigenständige Disziplin und eine Grenzziehung zur Nationalökonomie, aber auch zu nahestehenden Disziplinen wie der Ethik oder der Geschichtsphilosophie.[266] Diese Abgrenzungsbemühungen wurden verstärkt durch die Selbstdarstellung der DGS als Vertreterin der Soziologie und der damit verbundenen Vorstellung, »daß es erstens *die* Soziologie, also eine so genannte Einzelwissenschaft gebe, und daß sie zweitens vorherrschend als begrifflich-systematische Disziplin verstanden werde.«[267] Von 1922 bis 1930 fand alle zwei Jahre ein Soziologentag zu einem anderen Thema statt.[268]

Die Ergebnisse dieser »Verhandlungen« erschienen bei Mohr (Siebeck) unter dem Titel *Schriften der deutschen Gesellschaft für Soziologie*. Der Verlag publizierte auch nach dem Zweiten Weltkrieg die Verhandlungen und gewährte Mitgliedern der Gesellschaft 25 Prozent Nachlass auf die Schriften.[269] Daneben veröffentlichten Autoren vereinzelt Schriften im Auftrag der DGS bei anderen Verlagen, so etwa die Abhandlung *Soziologie als Lehrfach an deutschen Hochschulen* von Lorenz von Stoltenberg, die bei Braun in Karlsruhe erschien.[270] Die meisten Beiträge, Berichte und Verlautbarungen der DGS wurden jedoch ab 1922 in den *Vierteljahresheften für Soziologie* des ›Forschungsinstituts für Sozialwissenschaft‹ veröffentlicht.[271] Obgleich die DGS Soziologie auf wissenschaftlichem Niveau betrieb und die Etablierung der Soziologie als wissenschaftliche Disziplin an Universitäten vor allem in den zwanziger Jahren deutlich vorantrieb, verfügte sie nicht über das umfangreiche Publikationswesen, das der VfS für seine Kommunikation einsetzte. Dies war für die DGS auch nicht nötig, da sie nach dem Ersten Weltkrieg auf ein publizistisches Organ zurückgreifen konnte, das bereits für ihre Zwecke zur Verfügung stand. Dadurch musste sie neben den Tagungsberichten bei Duncker & Humblot keine Schriftenreihe mit Monographien veröffentlichen.

---

266 Vgl. Stölting: Akademische Soziologie, S. 207.

267 Ebd., S. 208. Hervorhebung im Original.

268 Vgl. Glatzer: Deutsche Gesellschaft für Soziologie (DGS), S. 218f.

269 Vgl. 1801–1951 J. C. B. Mohr (Paul Siebeck) Tübingen. Jubiläumskatalog. Tübingen: J. C. B. Mohr (Paul Siebeck) 1951, S. 150.

270 Vgl. Stoltenberg, Hans Lorenz: Soziologie als Lehrfach an deutschen Hochschulen. Karlsruhe: Verlag G. Braun 1926.

271 Siehe dazu Kapitel 6.

5.2 *Schmollers Jahrbuch für Gesetzgebung, Verwaltung und Volkswirtschaft*:
Ein Herausgebername überdauert bis in die Gegenwart

Gustav Schmoller (1838–1917) war Sozialpolitiker, Historiker und Nationalökonom »und umstritten in allen drei Bereichen.«[272] Er stammte aus Heilbronn, wo sein Vater als Kameralverwalter für das Königreich Württemberg
arbeitete.[273] 1857 begann er ein Studium der Kameralwissenschaften,[274] der
Wirtschaft und Geschichte an der Universität Tübingen[275] und promovierte 1861 bei Karl Schüz mit einer Arbeit über die nationalökonomischen Ansichten in Deutschland während der Reformation. 1864 folgte er dem Ruf
nach Halle an der Saale auf ein Extraordinariat und wurde 1865 zum Professor ernannt.[276] Bereits in seinem ersten Jahr dort wurde er zum Stadtver-
ordneten gewählt, eine Position, in der er prägende und praktische Erfahrungen mit administrativen Vorgängen innerhalb der Gemeindeverwaltung
machte.[277] Laut Schmoller bestimmten diese Erfahrungen und Beobach-
tungen aus der Praxis seine wissenschaftliche Denkweise und Beurteilung
mehr als abstrakte und logische Konzepte.[278] 1872 wurde er nach Straßburg
berufen, bevor er schließlich 1882 nach Berlin wechselte, wo er bis zu seiner Emeritierung als Nationalökonom wirkte.[279] Schmoller wurde zu einem
der einflussreichsten Nationalökonomen seiner Zeit, der die jüngere historische Schule in Deutschland entscheidend prägte.[280] Seine Arbeiten waren
historische Untersuchungen, »die aber ebenso die allgemeine Kenntnis von
Staat und Recht, Volkswirtschaft und Gesellschaft fördern [...] und das Verständnis der Gegenwart erleichtern«[281] sollten. Durch die Verbindung von
Historismus, Nationalökonomie, Jurisprudenz und Sozialpolitik in seinen

272 Vom Bruch: Gelehrtenpolitik, Sozialwissenschaften und akademische Diskurse, S. 232.
273 Vgl. Schmoller, Gustav von: My Early Years in Heilbronn. In: Schmollers Jahrbuch 126 (2006) 2, S. 144–162,
     hier S. 144. URL: https://www.wiso-net.de/document/SJB__SJB20060926141223414102721343414
     [20.07.2016].
274 Vgl. ebd., S. 146.
275 Vgl. ebd., S. 149.
276 Vgl. Borchardt, Knut: Schmoller, Gustav von. In: Neue Deutsche Biographie 23 (2007), S. 260-262
     [Onlinefassung]. URL: https://www.deutsche-biographie.de/gnd118609378.html#ndbcontent
     [28.07.2016].
277 Vgl. Schmoller: My Early Years in Heilbronn, S. 152.
278 Vgl. ebd., S. 152.
279 Vgl. Borchardt: Schmoller, Gustav von.
280 Vgl. Nardinelli, Clark/Meiners, Roger E.: Schmoller, the Methodenstreit, and the Development
     of Economic History. In: Gustav Schmoller (1839–1917) and Werner Sombart (1863–1941) (Elgar
     Reference Collection). Hrsg. von Mark Blaug. Aldershot/Brookfield: Edward Elgar Publishing 1992,
     S. 132–140, hier S. 132.
281 Vom Bruch: Gelehrtenpolitik, Sozialwissenschaften und akademische Diskurse, S. 231.

Arbeiten wurde er von Vertretern aller Fachrichtung gleichermaßen kritisiert und zählte trotz seiner Reputation »zu den umstrittensten Sozial- und Staatswissenschaftler des Kaiserreichs.«[282] Für seine nationalökonomischen Untersuchungen nutzte er die historische Forschung, um die Theorien »immer weiter durch exakte Thatsachenforschung aller Art zu unterbauen.«[283] Hinzu kam die Kritik an seiner politischen Einstellung. Als Sozialpolitiker und Wissenschaftler war er Gründungsmitglied und langjähriger Vorsitzender des VfS, Mitbegründer der ›Internationalen Vereinigung für gesetzlichen Arbeiterschutz‹ und der ›Gesellschaft für Soziale Reform‹. Wegen seines Einsatzes für Arbeiterrechte, den Arbeitsschutz von Frauen und Jugendlichen, für Tarifverträge und ein freies Koalitionsrecht wurde er von konservativen Kräften, Schwerindustriellen, Agrariern und Kaisertreuen stark angefeindet. Zugleich kritisierte ihn eine junge, teilweise demokratisch gesinnte Gelehrtengruppe im VfS wegen seiner gemäßigt konservativen Einstellung und seinem Festhalten an den spätfeudalen Elementen der Reichsverfassung.[284] Die Kritik an Gustav Schmollers wissenschaftlichen Arbeiten war oft mit seiner politischen Einstellung verbunden und reichte dabei über das gesamte politische Spektrum. Neben Carl Menger, der in den 1880er Jahren den Methodenstreit in der Nationalökonomie angestoßen hatte,[285] war Georg von Below ein großer Kritiker seiner nationalökonomischen Arbeiten. Er wandte sich zwischen 1904 und 1907 mit Streitschriften gegen Schmollers wissenschaftliches Werk und kritisierte vor allem seine Arbeitsweise, empirisch gesicherte Anschauungen zu sammeln, um daraus eine neue ökonomische Theorie zu konstruieren.[286] Noch 1926, Jahre nach Schmollers Tod, warf ihm der hochkonservative Wirtschaftshistoriker von Below einen »Mangel an begrifflicher Klarheit [...] und der Schulung in der historischen Methode«[287] vor und qualifizierte im gleichen Zuge die Soziologie als »eine Hilfsmethode«[288] der Historiker ab.

282 Vom Bruch: Gelehrtenpolitik, Sozialwissenschaften und akademische Diskurse, S. 232.

283 Schmoller, Gustav: Grundriß der Allgemeinen Volkswirtschaftslehre. Teil 2. Leipzig: Duncker & Humblot 1904. S. VIf.

284 Vgl. ebd., S. 232.

285 Vgl. ebd., S. 236.

286 Vgl. ebd., S. 233.

287 Below, Georg von: Zum Streit um das Wesen der Soziologie. In: Jahrbücher für Nationalökonomie und Statistik. Dritte Folge (1926) Bd. 69 (124), Nr. 3/4, S. 218–242, hier S. 230. URL: http://www.jstor.org/stable/238232283 [30.05.2016].

288 Ebd., S. 231.

Schmoller verstand sich immer als historischen Nationalökonom, bereitete jedoch durch seine Arbeiten die Basis für die folgende Generation der ersten Soziologen. So zählten Georg Simmel, Franz Oppenheimer, Werner Sombart, Alfred Weber und Leopold von Wiese zu seinen Schülern.[289] In den Jahren vor dem Ersten Weltkrieg distanzierten sich die Nationalökonomen von Schmollers Forschungsmethoden,[290] allen voran Max Weber im Werturteilsstreit. Dennoch wurde er in seinem Bemühen, »die gegenwärtige Wissenschaft der politischen Ökonomie zur Gesellschaftslehre zu erweitern«[291] auch zu einem Wegbereiter der Soziologie. Neben diversen Monographien und Aufsätzen, die er schrieb, übernahm er auch seit 1881 die Herausgabe des *Jahrbuchs für Gesetzgebung, Verwaltung und Volkswirtschaft.*[292] Es erschien seit 1873, ein Jahr nach der Gründung des VfS, bei Duncker & Humblot unter dem Titel *Jahrbuch für Gesetzgebung, Verwaltung und Rechtspflege des Deutschen Reichs.* Der Verleger von Duncker & Humblot, Carl Geibel, war Mitglied und Schriftführer des VfS.[293] Sowohl der erste Herausgeber des *Jahrbuchs,* der Jurist Franz von Holtzendorff,[294] als auch sein Nachfolger, der Nationalökonom und Mitbegründer des VfS, Lujo Brentano, waren Autoren des Verlags.[295] Unter Brentano wurde die Zeitschrift in *Jahrbuch für Gesetzgebung, Verwaltung und Volkswirtschaft* umbenannt, um den stärkeren Akzent auf den nationalökonomischen Artikeln kenntlich zu machen.[296] Auch Gustav Schmoller war Stammautor bei Duncker & Humblot. Er übernahm die Herausgabe der »Neuen Folgen« des *Jahrbuchs* ab dem fünften Jahrgang und begann »nun für seine sozialpolitischen Konzepte gegen den Wirtschaftsliberalismus zu kämpfen«[297]. Auf die erste Namensänderung folgten weitere Umbenennungen, zuletzt im Jahr 2000. Gustav Schmoller leitete das *Jahrbuch* 37 Jahre bis zu seinem Tod im Jahr 1917, woraufhin Hermann Schumacher und Arthur Spiethoff die Herausgabe der Zeitschrift übernahmen.[298] Bereits 1913 hatte sie zu Ehren ihres Herausgebers den Namen *Schmollers Jahrbuch für Gesetzgebung, Verwaltung und Volkswirtschaft*

---

289 Vgl. Kaesler: Die frühe deutsche Soziologie 1909 bis 1934, S.341.
290 Vgl. vom Bruch: Gelehrtenrepublik, Sozialwissenschaften und akademische Diskurse, S.236.
291 Ebd., S.243.
292 Vgl. Stölting: Akademische Soziologie, S.153.
293 Vgl. Verlagsbibliographie Duncker & Humblot 1798–1945, S.27.
294 Vgl. ebd., S.115.
295 Vgl. ebd., S.82.
296 Vgl. Stölting: Akademische Soziologie, S.153.
297 Stölting: Akademische Soziologie, S.153.
298 Vgl. ebd., S.153.

des Deutschen Reiches erhalten.[299] Der sozialwissenschaftliche Aspekt wurde 1986 mit einer erneuten Namensänderung in *Schmollers Jahrbuch für Wirtschafts- und Sozialwissenschaften* betont, bevor der Name des Herausgebers 1972 aus dem Titel gelöscht wurde, der ab da *Zeitschrift für Wirtschafts- und Sozialwissenschaften* lautete.[300] Nach einem Relaunch der Zeitschrift im Jahr 2000 wird der Name *Schmollers Jahrbuch* wieder verwendet.[301]

Die Bindung der meisten Nationalökonomen an den VfS hatte zur Folge, dass sich im *Jahrbuch* vor allem Themenschwerpunkte fanden, die im weiteren Sinne mit der Sozialpolitik verbunden waren. Der ursprüngliche Zweck der Zeitschrift, die »in vier umfangreichen Heften«[302] pro Jahr erschien, war ein »Überblick über alle Zweige der Reichsgesetzgebung und die Diskussion rechtlicher und politischer Fragen«, doch unter Brentanos und vor allem Schmollers Herausgeberschaft verschob sich der Schwerpunkt auf das nationalökonomische und sozialpolitische Feld. Es gab noch immer staatsrechtliche Beiträge, aber auch wirtschaftshistorische, statistische, sozialphilosophische und soziographische Artikel.[303] Von 1900 bis 1934 waren die Betriebswirtschaftslehre, die Arbeiterbewegung und der Marxismus, aber auch Sozialpolitik, Sozialgeschichte, Soziologie und Kulturgeschichte Themenschwerpunkte im *Jahrbuch*.[304] Neben den sozialpolitischen Aufsätzen fanden sich dezidiert soziologische Beiträge. Von 1877 bis 1914 erschienen im *Jahrbuch für Gesetzgebung, Verwaltung und Volkswirtschaft im Deutschen Reich* 1238 Aufsätze, von denen sich 309 mit soziologischen Themen befassten, was mit 24,9 Prozent fast einem Viertel der Gesamtanzahl der Aufsätze entsprach.[305] Die Anzahl der soziologischen Beiträge pro Jahresausgabe stieg von 1881 bis zum Jahrgang 1914, kurz vor dem Beginn des Ersten Weltkriegs, auf sechzehn an, lag aber in den Jahren davor nicht unter vier Artikeln pro Jahrgang. Seit den 1890er Jahren wies mit Ausnahme von zwei Jahren kein

299 Vgl. Verlagsbibliographie Duncker & Humblot 1798–1945, S. 273.

300 Vgl. ebd., S. 252.

301 Vgl. Goldschmidt, Nils: Symposium »Schmoller's Legacy for the 21st Century«. Editorial Preface. In: Schmollers Jahrbuch 126 (2006) 2, S. 139–140, hier S. 140. URL: https://www.wiso-net.de/document/ SJB__SJB2006092613928342225 2428183022 [20.07.2016].

302 Kirchner, Joachim: Das deutsche Zeitschriftenwesen. Seine Geschichte und seine Probleme. Teil II: Vom Wiener Kongress bis zum Ausgange des 19. Jahrhunderts. Wiesbaden: Harrassowitz 1962, S. 285.

303 Vgl. Stölting: Die akademische Soziologie in der Weimarer Republik, S. 152.

304 Vgl. ebd., S. 153 (Tabelle).

305 Vgl. Wallgärtner, Gisela: Der soziologische Diskurs im Kaiserreich. Auswertung sozialwissenschaftlicher Zeitschriften (Beiträge zur Geschichte der Soziologie 2). Münster/ Hamburg: Lit Verlag 1991, S. 418f. (Tabelle 1).

Jahrgang weniger als sieben soziologische Artikel auf.[306] Die Soziologie wurde unter Schmollers Führung als eigenständiges Themengebiet in der Zeitschrift sukzessive wichtiger.

Schmoller wollte in seiner Tätigkeit als Herausgeber »die großen Fragen, [...] so weit es möglich ist, wissenschaftlich, aber zugleich in einer für weitere Leserkreise bestimmten Weise«[307] behandeln. Er betonte zwar, dass er es als Wissenschaftler und Lehrer für die erste Pflicht halte, exakte methodische Einzeluntersuchungen durchzuführen, wie er sie vor allem in seinen Forschungen anwende, diese aber »oft nur für einen kleinern [sic] Leserkreis bestimmt«[308] seien, sodass ihr Einfluss auf die Öffentlichkeit zu gering sei. Im *Jahrbuch* wurde auf Wissenschaftlichkeit geachtet, doch politische und gesellschaftliche Fragen, die noch nicht wissenschaftlich untersucht wurden, sollten wenigstens nach sittlichen Idealen beurteilt und eingeordnet werden. Schmoller setzte zwar seine sozialpolitischen Ansichten als Maßstab für die Qualität der Beiträge, wahrte jedoch in seiner Rolle als Herausgeber die Überparteilichkeit des *Jahrbuchs* und die Eigenverantwortung der einzelnen Autoren. So sollten auch solche Arbeiten erscheinen, die von Schmollers persönlichen Ansichten abwichen, dabei aber keine Parteipolitik zum Thema hatten, »wie sie in der Tagespresse getrieben wird.«[309] Die Zeitschrift wurde zu einem liberalen publizistischen Organ innerhalb der politischen Öffentlichkeit, welches die staatlichen und sozialen Reformaufgaben mit dem liberalen Wirtschaftsprinzip verbinden sollte.[310] Trotz der inhaltlichen Abgrenzung des *Jahrbuchs* von wissenschaftlichen Monographien verwies Gustav Schmoller in seinem Vorwort als neuer Herausgeber auf seine eigenen »im selben Verlage von Duncker & Humblot erscheinenden staats- und sozialwissenschaftlichen Forschungen«[311], die aber nur für Experten auf dem Gebiet geeignet wären. Dennoch erstrebte er eine enge Verbindung des *Jahrbuchs* mit seinen eigenen Forschungen, die umso besser herzustellen war, »da beide Organe in [seiner] Hand«[312] lagen.

---

306 Vgl. ebd., S. 420.

307 Schmoller, Gustav: Ueber Zweck und Ziele des Jahrbuchs. Vom Herausgeber. In: Jahrbuch für Gesetzgebung, Verwaltung und Volkswirtschaft im Deutschen Reich. 5 (1881), S. 1–18, hier S. 1. URL: http://www.digizeitschriften.de/dms/resolveppn/?PID=PPN345575393 [20.07.2016].

308 Ebd., S. 8.

309 Ebd., S. 8.

310 Vgl. Wallgärtner: Der soziologische Diskurs im Kaiserreich, S. 76f.

311 Schmoller: Ueber Zweck und Ziele des Jahrbuchs, S. 1f.

312 Ebd., S. 2.

Gustav Schmoller stammte aus den wissenschaftlichen Disziplinen der Nationalökonomie und Geschichtswissenschaft, bemühte sich aber, »alle ihnen verwandten Fächer [...] auf sein Lieblingskind, sein Jahrbuch«[313] zu übertragen. Dazu gehörte auch die Soziologie, deren thematischer Anteil unter seiner Ägide im *Jahrbuch* stetig gewachsen war. Sein Nachfolger Hermann Schumann bekräftigte in seinem Vorwort 1918, dass der »nach festen Grenzen und allgemeiner Anerkennung ringenden Gesellschaftslehre weiter Beachtung geschenkt«[314] werde und warb in diesem Sinne um die Unterstützung und Beiträge von Vertretern dieser Disziplin. Im gleichen Maß, in dem er als Vertreter der jüngeren historischen Schule und wegen seiner Verbindung von Forschung und sozialpolitischen Anschauungen immer wieder auf Kritik stieß, wurde Schmoller als Wegbereiter und Vordenker der deutschen Nationalökonomie gewürdigt. So attestierte Max Weber, der Schmollers methodischem Ansatz wissenschaftstheoretisch stark widersprach, dem Herausgeber des *Jahrbuchs* eine herausragende und erfolgreiche Arbeit, welche die methodischen Arbeiten der jüngeren Generation von Nationalökonomen und Soziologen erst möglich gemacht hatte.[315] Seine engen Verbindungen zum VfS und dem Verleger Carl Geibel prädestinierten ihn als Herausgeber, der »Aufsätze nicht nur gesammelt, sondern im weitgehenden Maße auch angeregt und vielfach mit seinem eigenen Geiste durchhaucht«[316] hatte. Gustav Schmoller hatte die Zeitschrift und ihre Ausrichtung über Jahrzehnte geprägt und sie zu einem führenden Organ der gesamten Wirtschafts- und Sozialwissenschaften ausgebaut, in deren Tradition *Schmollers Jahrbuch* bis heute steht.

5.3 Alfred Vierkandts *Handwörterbuch der Soziologie*

In der Weimarer Republik wurde die Soziologie an den ersten Universitäten zu einem eigenständigen Fach, das Materials für die Lehre bedurfte. Durch die diversen ›Schulen‹, die die Soziologie prägten, die uneinheitliche Verwendung von fachlichen Begriffen und die junge Geschichte des Fachs herrschte in der Soziologie über viele Forschungsfelder Uneinigkeit. Dementsprechend schwierig gestaltet sich eine Definition, welche Bücher der frühen Soziologie

---

313 Schumacher, Hermann: Zur Übernahme des Jahrbuchs. In: Schmollers Jahrbuch für Gesetzgebung, Verwaltung und Volkswirtschaft im Deutschen Reiche. 42 (1918), S. 1–10, hier S. 5.
314 Schumacher: Zur Übernahme des Jahrbuchs, S. 8.
315 Vgl. vom Bruch: Gelehrtenpolitik, Sozialwissenschaften und akademische Diskurse, S. 248.
316 Schumacher: Zur Übernahme des Jahrbuchs, S. 5.

als ›Lehrbücher‹ genutzt wurden.[317] Als ein Autor und Herausgeber, der die Begriffe und Probleme der Soziologie zusammenfasste und überblicksartig darstellte, kann Alfred Vierkandt (1867–1953) gelten. Neben seinem Buch *Gesellschaftslehre. Hauptprobleme der philosophischen Soziologie* war es vor allem das *Handwörterbuch der Soziologie*, welches ihm die Anerkennung der zeitgenössischen Soziologen einbrachte. Beide Werke erschienen im Ferdinand Enke Verlag.

Vierkandts Weg zur Soziologie machte ihn zu einem Sonderfall unter den Soziologen, von denen die meisten Nationalökonomen, Historiker oder Philosophen waren.[318] Er studierte von 1887 bis 1890 in Leipzig und Bonn Mathematik, Physik, Geographie, Psychologie und Philosophie. Während seines Studiums assistierte er in dem neu gegründeten Institut für experimentelle Psychologie bei dem Philosophen und Psychologen Wilhelm Wundt. Seine erste Dissertation legte er 1891 in Leipzig zu einem mathematisch-physikalischen Thema vor.[319] Nach seinem Studium arbeitete er zunächst als Oberlehrer in Braunschweig. Währenddessen promovierte er 1892 an der ortsansässigen Technischen Hochschule im Fach Erdkunde und habilitierte sich 1894 mit einem Aufsatz über *Die Volksdichte im Westlichen Central-Afrika*.[320] Bis 1900 lehrte er an der Hochschule Erdkunde sowie Kultur- und Völkerpsychologie. Daraufhin erfolgte eine Umhabilitation für Völkerkunde und angrenzende Gebiete der Philosophie an der Universität Berlin, wo er einen Lehrauftrag für »Psychologische Probleme der Völkerkunde« erhielt. 1909 wurde er Gründungsmitglied der DGS. Ab 1910 unterrichtete er zusätzlich Gesellschaftslehre und erhielt schließlich im Jahr 1921 das Extraordinariat für Soziologie.[321] Vier Jahre später, im Alter von 58 Jahren, erhielt er eine ordentliche Professur für Philosophie, Psychologie und Soziologie. Die späte Berufung lag auch daran, dass die Soziologie an der vor allem »durch besonders konservative Historiker dominierten Berliner Philosophischen Fakultät nur eine marginale Existenz«[322] führen konnte. Wegen Vierkandts Distanz zu den konservativen und zunehmend rechten Bewegungen in der Politik

---

317 Vgl. Kaesler: Die frühe deutsche Soziologie 1909 bis 1934, S. 65.

318 Vgl. Stölting: Akademische Soziologie, S. 318f.

319 Vgl. Wolfradt, Uwe: Vierkandt, Alfred. In: Deutschsprachige Psychologinnen und Psychologen 1933–1945. Hrsg. von Uwe Wolfradt, Elfriede Billmann-Mahecha und Armin Stock. Wiesbaden: Springer Fachmedien 2015, S. 459–461, hier S. 459f. DOI: 10.1007/978-3-658-01481-0 [20.07.2016].

320 Vgl. Eisermann, Gottfried: Bedeutende Soziologen (Bonner Beiträge zur Soziologie 4). Stuttgart: Ferdinand Enke Verlag 1968, S. 75.

321 Vgl. Wolfradt: Vierkandt, Alfred, S. 460.

322 Stölting: Akademische Soziologie, S. 318.

und seiner Arbeit als Beauftragter der Universität im Berliner Volkshoch-
schulwesen wurde er 1934 zwangsemeritiert.[323] Nach dem Zweiten Weltkrieg
lehrte er von 1946 bis zu seinem Tod Soziologie in Berlin.[324]

Während er sich in der ersten Phase seines wissenschaftlichen Schaffens bis
zum Ersten Weltkrieg vor allem mit der Völkerkunde und den daraus ableitba-
ren gesellschaftstheoretischen Verallgemeinerungen beschäftigt hatte, begann
er sich in der zweiten Phase nach dem Krieg verstärkt mit der Phänomenologie der Gesellschaftslehre zu befassen.[325] Die von dem Philosophen und Ma-
thematiker Edmund Husserl (1859–1938) begründete Phänomenologie sollte es
ermöglichen, »ein ›Begriffsnetz‹ für die Erkenntnis des gesellschaftlichen Lebens«[326] zu liefern. Vierkandt suchte nach sozialen Kategorien, »die sich nicht
weiter zurückführen lassen, also eine Art von ›gedanklichen Atomen‹.«[327] Er
definierte mit seiner Methode Begriffe wie Macht, Kampf, Vertrag oder Gemeinschaft, aber auch Unterordnungstrieb, Hilfstrieb, Gehorsamstrieb oder
Kampftrieb.[328] Im Spiegel dieser Phänomenologie entstand 1923 Vierkandts
Gesellschaftslehre, die 1928 in einer umgearbeiteten Version erschien, in der er
eine systematische Zusammenfassung seiner Forschung präsentierte. Als Kern
der Gesellschaft existiere ein »Zustand innerer Verbundenheit«, der entstün-
de, »wenn das Ichbewusstsein [eines Menschen] aus seinem Zustand der Ab-
gegrenztheit heraustritt und der einzelne sich mit anderen Menschen verbunden fühlt.«[329] Der »psychologische Rückgriff«[330] in diesem Konzept verweist
auf Vierkandts vielfältige Studien, die ihn nachhaltig geprägt hatten. Dennoch
wurde die Soziologie zu seinem vornehmlichen Forschungsgebiet. Er hatte bereits früh für die Schaffung einer eigenständigen akademischen Disziplin der
Soziologie plädiert und in Berlin deren Etablierung vorangetrieben, gegen die
Ablehnung der eingesessenen Institute. Zudem unterstütze er die Gründung
der DGS, obwohl er nicht mit allen wissenschaftlichen Positionen der Gesellschaft übereinstimmte.[331]

---

323 Vgl. Stölting: Akademische Soziologie, S. 318.
324 Vgl. Wolfradt: Vierkandt, Alfred, S. 460.
325 Vgl. Stölting: akademische Soziologie, S. 324.
326 Eisermann: Bedeutende Soziologen, S. 82.
327 Ebd., S. 82.
328 Vgl. ebd., S. 83.
329 Eisermann, Gottfried: Zum Geleit. Alfred Vierkandt. Persönlichkeit und Werk. In:
       Gegenwartsprobleme der Soziologie. Alfred Vierkandt zum 80. Geburtstag. Hrsg. von Gottfried
       Eisermann. Potsdam: Akademische Verlagsgesellschaft Athenaion 1949, S. 7–23, hier S. 11.
330 Ebd., S. 11.
331 Vgl. Stölting: Akademische Soziologie, S. 316.

1931 erschien das *Handwörterbuch der Soziologie*, welches er als Herausgeber konzipiert und an dessen Inhalt er mitgearbeitet hatte. Als Soziologe, der »allen in die Soziologie einmündenden Geistesströmungen offen«[332] gegenüberstand, konnte er in seiner Herausgebertätigkeit verschiedene Aspekte der Disziplin im *Handwörterbuch* vereinen. Das Werk versammelte auf über 690 Seiten 62 Beiträge von 37 Autoren. Darunter waren auch Karl Mannheim, Franz Oppenheimer, Werner Sombart, Ferdinand Tönnies, Alfred Weber, Leopold von Wiese und Alfred Vierkandt selbst.[333] Sombart, Tönnies und von Wiese lieferten dabei mindestens drei Artikel. Es war Vierkandt gelungen, dass »alle wichtigen Soziologen der Weimarer Republik Artikel über ihre spezielle Arbeitsrichtung«[334] beitrugen. Die alphabetisch geordneten Artikel umfassten verschiedene Themenschwerpunkte, unter anderem eine allgemeine Einführung in die Aufgabe sowie Methoden und Geschichte der Soziologie; diverse Begriffe der Gesellschaftssoziologie; Kultursoziologie; die Soziologie der Kulturgüter, einzelner Kulturen und Epochen; bis hin zu einem Artikel über die »junge verheißungsvolle Teildisziplin der Soziographie«[335]. Alfred Vierkandt betonte als Herausgeber des *Handwörterbuchs*, dass man trotz der verschiedenen methodischen Ansätze der Autoren durch »eine unbefangene Betrachtung [...] im vorliegenden Werk vielfach eine erfreuliche Verwandtschaft der Anschauungen«[336] feststellen könne.

Das *Handwörterbuch* wurde zu einem Überblickswerk, das den damaligen »Stand der wissenschaftlichen soziologischen Bewegung in Deutschland in großen Zügen«[337] abbildete. Es sollte sowohl dem interessierten Laien als auch den professionellen Soziologen als Informationsquelle dienen und darüber hinaus die Soziologie als wissenschaftliche Disziplin stärken und ihre Etablierung befördern. In diesem Sinne kritisierte Vierkandt in seinem Vorwort den unklaren und unbedachten Umgang mit dem Begriff ›soziologisch‹ in der Alltagssprache, grenzte die Begrifflichkeiten ›Sozialismus‹ und ›Soziologie‹ klar voneinander ab und erklärte eine Vermengung der beiden Begriffe

---

332 Eisermann: Bedeutende Soziologen, S. 87.
333 Vgl. Handwörterbuch der Soziologie. Hrsg. von Alfred Vierkandt in Verbindung mit G. Briefs,
     F. Eulenburg, F. Oppenheimer u. a. Stuttgart: Ferdinand Enke Verlag 1931, S. VII–X.
334 Stölting: Akademische Soziologie, S. 316.
335 Vierkandt, Alfred: Vorwort. In: Handwörterbuch der Soziologie. Hrsg. von Alfred Vierkandt in
     Verbindung mit G. Briefs, F. Eulenburg, F. Oppenheimer u. a. Stuttgart: Ferdinand Enke Verlag 1931,
     S. Vf., hier S. VI.
336 Ebd., S. Vf.
337 Ebd., S. V.

als sachlich unzutreffend.[338] Die ›Soziale Frage‹ wurde in einigen Beiträgen aufgegriffen, sollte jedoch unter einem möglichst objektiven soziologischen Verständnis behandelt werden und ohne »Eingehen in spezielle Fragen der Politik«[339]. Damit stellte sich die soziologische Herangehensweise, anders als zum Beispiel bei Schmoller wenige Jahre zuvor, explizit unpolitisch dar.

Bereits kurz nach Erscheinen des *Handwörterbuchs* wurde es wohlwollend in der Scientific Community aufgenommen. Vor allem der »Überblick über den Entwicklungsstand der ›Soziologie als Methode‹«[340] und die thematische Vereinigung der Fachsoziologie mit der »Soziologisierung der speziellen Kultur- und Sozialwissenschaften« wurde positiv bewertet. Das *Handwörterbuch* wies auf, »wie weit beide Bewegungen in Wahrheit aufeinander angewiesen«[341] waren und in welcher Weise die Gemeinsamkeiten der soziologischen Geschichtspunkte überwogen. Die systematische Zusammenfassung der wissenschaftlichen Entwicklung der Soziologie in Deutschland in Form des *Handwörterbuchs der Soziologie* wurde zu »einem Markstein, der die Existenz der Soziologie als einer geistigen Objektivation nachdrücklich dokumentierte.«[342] Die Bedeutung des Werks und seiner einzelnen Beiträge bekannter Soziologen wird auch daran ersichtlich, dass es 28 Jahre nach seinem ersten Erscheinen in den 50er Jahren in unveränderter Form neu aufgelegt wurde.[343] Der neue Verleger Helmut Schelsky stellte dem Werk ein Geleitwort voran, in dem er auf die Notwendigkeit einer Wiederauflage des *Handwörterbuchs* einging.[344] Es sollte nicht mehr dem ursprünglichen Zweck dienen, den aktuellen Wissensstand der Soziologie zu dokumentieren, sondern erfuhr durch die Neuauflage einen Bedeutungswandel. Das Überblickswerk wurde zur historischen Quelle, welche die Entwicklung der Soziologie in der Weimarer Republik, die einmalige »Lebendigkeit und Produktivität der sozialwissenschaftlichen Diskussionen und Veröffentlichungen«[345] und ihre Etablierung als eigenständige wissenschaftliche

---

338 Vgl. Vierkandt: Vorwort., S. V.

339 Ebd., S. VI.

340 Walther, Andreas: Handwörterbuch der Soziologie. In: Zeitschrift für die gesamte Staatswissenschaft. (1932) 92, S. 312–315, hier S. 312.

341 Ebd., S. 312.

342 Stölting: Akademische Soziologie, S. 316.

343 Vgl. Eisermann: Bedeutende Soziologen, S. 87, Anmerkung 20.

344 Vgl. Schelsky, Helmut: Geleitwort. In: Handwörterbuch der Soziologie. Hrsg. von Alfred Vierkandt in Verbindung mit G. Briefs, F. Eulenburg, F. Oppenheimer u. a. Unveränderter Neudruck. Stuttgart: Ferdinand Enke Verlag 1959, S. IIIf.

345 Ebd., S. III.

Disziplin sichtbar machte. Zum einen wurde es damit zu einem Werk der Geschichte der Soziologie, doch darüber hinaus sollte es ein »Dokument der Verpflichtung für die Soziologie der Gegenwart«[346] werden. Die »geistige Kontinuität [des] Denkens«[347] war während der Herrschaft der Nationalsozialisten und dem Zweiten Weltkrieg unterbrochen worden, sodass das *Handwörterbuch* ein Bewusstsein für die Tradition der deutschen Soziologie und eine Fachgeschichte erzeugen sollte.

Vierkandt war es als Herausgeber gelungen, die wichtigsten Soziologen seiner Zeit als Autoren in einem Standardwerk der Soziologie zu vereinen »in dem sich die markante Eigenart der einzelnen Forschungsrichtungen mit meisterlicher Sachbeherrschung«[348] verband. Sowohl 1931 als auch 1959 sollte es einen Beitrag zur Festigung der wissenschaftlichen Disziplin leisten, wenn auch auf unterschiedliche Arten. Als Mitglied der DGS und Akademiker setzte er sich für die Soziologie als wissenschaftliche Disziplin ein. Mit der Konzeption und Herausgabe des *Handwörterbuchs der Soziologie* hatte er sich »allgemein anerkannte Verdienste um die Formation des Faches erworben«[349], die noch über Vierkandts eigenes methodisches soziologisches Wirken hinausreichten.

5.4 Max Weber als Autor und Herausgeber bei Mohr (Siebeck)

Eine Persönlichkeit, welche die Soziologie bis heute maßgeblich beeinflusst, ist Max Weber (1864–1920). Er gilt, wie Kaesler formuliert, als »›Klassiker‹ der Soziologie [...], wenn nicht sogar als DER Klassiker schlechthin«[350], dessen Arbeiten bis heute in der internationalen Soziologie »Weltgeltung, ja die Weltbedeutung«[351] besitzen. Er trug zur Etablierung der Soziologie als wissenschaftliche Disziplin nicht nur durch seine wissenschaftlichen Arbeiten bei, sondern auch durch sein Engagement in den sozialwissenschaftlichen Verbänden. So war er eine treibende Kraft im VfS und bei der Gründung der DGS beteiligt. Dennoch sah sich Max Weber selbst lange Zeit seines Lebens nicht als einen ›Soziologen‹ an und bezeichnete sich erst 1919 »primär

346 Ebd., S. IV.
347 Ebd., S. IV.
348 Eisermann: Alfred Vierkandt, S. 11.
349 Kaesler: Die frühe deutsche Soziologie 1909 bis 1934, S. 305.
350 Kaesler: Max Weber, S. 6.
351 Eisermann: Bedeutende Soziologen, S. 1.

als Soziologen«[352]. Für ihn stellten sich die Soziologie und die DGS als ein »Tummelplatz für Dilettanten, noch keine Disziplin mit klarem methodischem Selbstverständnis«[353] dar. Die Wirkung seiner Werke war zu Lebzeiten um einiges geringer, als seine heutige Bedeutung für die Soziologie glauben macht. Die Aufmerksamkeit galt vor allem seinen Schriften zur *Protestantischen Ethik* von 1905 und den gedruckten Fassungen seiner Reden über *Wissenschaft als Beruf* und *Politik als Beruf*.[354] Dennoch gilt er heutigen Soziologen als einer der wichtigsten Begründer der Soziologie als wissenschaftliche Disziplin. Einen großen Beitrag zur Beachtung und Verbreitung seiner theoretischen und soziologischen Arbeiten leistete der Verlag Mohr (Siebeck), dessen Stammautor Max Weber war. Vor allem der Verleger Paul Siebeck prägte die Beziehung, die Autor und Verlag bis zu Webers Tod im Jahr 1920 verband, doch auch nach seinem Tod pflegte der Verlag Webers Lebenswerk und viele seiner sozialwissenschaftlichen Werke wurden erst posthum veröffentlicht.[355]

5.4.1 Max Weber: Vom Nationalökonomen zum Soziologen

Max Webers wissenschaftliches Wirken zergliedert sich in vielzählige Stationen, die universitäre Lehre, vereinspolitisches Engagement, wissenschaftliche Diskurse und publizistisches Wirken gleichermaßen umspannten.

Er entstammte väterlicherseits dem Besitz- und mütterlicherseits dem Bildungsbürgertum.[356] Sein Vater war hauptberuflicher Stadtrat in Berlin und preußischer Abgeordneter im Deutschen Reichstag. Die Familie des Vaters war eine gut situierte deutsch-englische Industriellen- und Kaufmannsfamilie, die im Textilhandel tätig war. Die Textilgeschäfte des Onkels, Carl David Weber, alimentierten weite Zweige der Familie, darunter auch Max Weber und seine Frau Marianne. Die mütterliche Familie der Fallensteins zählte zum wohlhabenden deutschen Bildungsbürgertum. 1882 begann Max

---

352 Lepsius, M. Rainer: Max Weber und die Gründung der Deutschen Gesellschaft für Soziologie. In: Transnationale Vergesellschaftungen. Wiesbaden: Springer Fachmedien 2013, S. 775–785, hier S. 776. DOI: 10.1007/978-3-531-18971-0_71 [21.07.2016].

353 Ebd., S. 776.

354 Vgl. Kaesler, Dirk: Max Weber: Der lebendige Klassiker. In: Soziologie in Deutschland. Entwicklung, Institutionalisierung und Berufsfelder. Theoretische Kontroversen. Hrsg. von Bernhard Schäfers. Opladen: Leske + Budrich 1995, S. 109–118, hier S. 109f.

355 Vgl. Mommsen, Wolfgang J.: Einleitung. In: Max Weber und seine Zeitgenossen (Veröffentlichungen des Deutschen Historischen Instituts London 21). Hrsg. von Wolfgang J. Mommsen und Wolfgang Schwentker. Göttingen/ Zürich: Vandenhoeck & Ruprecht 1988, S. 11–38, hier S. 11.

356 Vgl. Kaesler: Die frühe deutsche Soziologie 1909 bis 1934, S. 338f.

Weber sein Studium in Heidelberg, wo er als Hauptfach Jurisprudenz und als Nebenfächer Nationalökonomie, Geschichte, Philosophie und Theologie belegte und der Burschenschaft ›Allemannia zu Heidelberg‹ beitrat. Nachdem er 1883 in Straßburg seinen Militärdienst als »Freiwillig-Einjähriger« abgeleistet hatte, nahm er sein Studium in Berlin wieder auf und wurde schließlich 1889 mit der Auszeichnung *magna cum laude* promoviert. Daran schloss sich bis 1892 seine Habilitationsschrift an.[357] Nachdem er in Berlin ein Jahr als Privatdozent und ein weiteres als ordentlicher Professor für Handelsrecht gelehrt hatte, folgte er 1894 einem Ruf nach Freiburg, wo er einen Schwerpunktwechsel von der Jurisprudenz zur Nationalökonomie vollzog.[358] Zu Beginn des Jahres 1897 wechselte er auf den Lehrstuhl für Nationalökonomie und Finanzwissenschaften an der Universität Heidelberg. Hier schrieb er den Hauptteil seiner Arbeiten, sodass »der Personenname Max Weber und der Ortsname Heidelberg […] von nun an in einem Atemzug genannt«[359] wurden und bis heute miteinander assoziiert werden. Er beeinflusste die Forschung und wissenschaftliche Diskussion mit seiner Definition von Soziologie. Dennoch war »der Max-Weber-Kreis in Heidelberg […] keine ›Schule‹, sondern ermöglichte einen geistigen Austausch, der nicht Einheit stiftete, sondern Anregungen gab.«[360] Seiner akademischen Arbeit in Forschung und Lehre kam er jedoch nur kurze Zeit nach, da er zunehmend unter einer eingeschränkten physischen und psychischen Gesundheit litt. 1899 ließ er sich aus gesundheitlichen Gründen von seinem Lehrauftrag befreien und stellte im Anschluss mehrmals ein Gesuch um Amtsentlassung. 1903 reichte er erneut ein »durch den Hinweis auf [s]einen stets schwankenden Gesundheitszustand begründetes Gesuch um Entlassung aus dem Ordinariat und Überführung unter die nicht etatsmäßigen Professoren«[361] ein. Dieser Antrag wurde angenommen, und Max Weber trat im Oktober 1903 aus dem Staatsdienst aus. Erst 1918 kehrte er in das akademische Leben an der Universität Wien zurück und wechselte bereits ein Jahr später an die Universität München. Dort starb er im Juli 1920 an einer Lungenentzündung.[362] Trotz seiner gesundheitlichen Verfassung und des damit verbundenen langen Rückzugs aus dem akademischen Lehrbetrieb veröffentlichte er bis zu seinem Tod regelmäßig neue Arbeiten.[363]

357　Vgl. ebd., S. 13–16.
358　Vgl. ebd., S. 24f.
359　Ebd., S. 35.
360　Stölting: Akademische Soziologie, S. 106.
361　Max Weber-Gesamtausgabe. Band II/4: Briefe 1903–1905, S. 50.
362　Vgl. Eisermann: Bedeutende Soziologen, S. 3.
363　Vgl. Kaesler: Max Weber, S. 38f.

Zugleich befasste er sich mit der Situation der Wissenschaft und Forschung an den Universitäten. Im Herbst 1917 hielt er in München einen Vortrag mit dem Titel *Wissenschaft als Beruf,* dessen Druckfassung »bis heute eines der Monumente der allgemeinen Weber-Rezeption«[364] darstellt. Darin beschrieb er die äußeren Bedingungen der Wissenschaft als Beruf, aber auch die innere Berufung zur Wissenschaft. Weber bezog sich dabei auf die allgemeinen Probleme, mit denen die Universitäten in dieser Zeit zu tun hatten, zum Beispiel die Schwierigkeiten der jungen Akademiker, über den Posten eines Privatdozenten hinaus eine Anstellung als ordentlicher Professor zu erhalten. Auch kritisierte er die Rahmenbedingungen der Berufung zum Professor, die neben dem Zufall auch durch politische Entscheidungen und die Willensbildung innerhalb der jeweiligen Fakultät bestimmt seien. Durch Kompromisse in der Wissenschaftsgemeinde würden Stellen mit mittelmäßigen Wissenschaftlern besetzt.[365] Somit griff Weber die Probleme der Forschung und Lehre auf, denen er und seine Zeitgenossen tatsächlich ausgesetzt waren.

Als Student der Nationalökonomie und Geschichte und während seiner Zeit als Universitätsprofessor gehörte Max Weber zusammen mit Weggefährten wie seinem Bruder Alfred, Werner Sombart oder Franz Oppenheimer zu einer jüngeren Generation der historischen Schule der Nationalökonomie, die in den letzten Jahrzehnten des 19. Jahrhunderts von Gustav Schmoller geprägt worden war und unter den Eindrücken des Methodenstreits der Nationalökonomie stand.[366] Um die Jahrhundertwende entwickelte diese junge Generation neue Wissenschaftskonzepte, die sich sowohl gegen die theoretische Nationalökonomie als auch gegen die »Forschungspraxis der Schmoller-Schule, Daten zu sammeln und zu klassifizieren«[367] wandte. Max Weber war die Forschungsmethode der historischen Nationalökonomie nicht nur aus der akademischen Lehre bekannt, sondern auch aus dem VfS, dem er 1888 beigetreten war. 1891 wurde dem jungen Privatdozenten der Auftrag einer Enquête über *Die Verhältnisse der Landarbeiter in Deutschland* erteilt. Daraufhin musste er 2.568 Fragebögen auswerten, die Gutsbesitzer im ganzen Kaiserreich ausgefüllt hatten.[368]

---

364 Kaesler: Max Weber, S. 78.
365 Vgl. ebd., S. 80f.
366 Vgl. Kruse: Von der historischen Nationalökonomie zur historischen Soziologie, S. 152f.
367 Ebd., S. 154.
368 Vgl. Kaesler: Max Weber, S. 16–19.

Die Emanzipation vom Historismus vollzog sich bei Weber nach seinem Umzug nach Heidelberg. 1902 begann er, sich mit »dem Verhältnis von Beweisbarem und Unbeweisbarem in der Wissenschaft, von Erkennen und Werten, praktischem Werturteil und theoretischer Wertbeziehung«[369] zu beschäftigen. Nach dem ersten methodologischen Aufsatz *Roscher und Knies und die logischen Probleme der historischen Nationalökonomie*, der 1903 in Schmollers *Jahrbuch* erschien, publizierte er im Jahr darauf im *Archiv für Sozialwissenschaften und Sozialpolitik* den Aufsatz *Die ›Objektivität‹ sozialwissenschaftlicher und sozialpolitischer Erkenntnis*.[370] Weber plädierte für eine Trennung von persönlichen Weltanschauungen und wissenschaftlicher, methodisch korrekter Forschung und warf damit die Frage nach der Objektivität in den Sozialwissenschaften auf.[371] Zwar bliebe ohne eine wertgeprägte Perspektive »die Wirklichkeit ein ungeordnetes Chaos der Widersprüchlichkeit der Fakten und Erscheinungen.«[372] Die Beschreibung der Umwelt und Sammlung von Daten, wie es die Gruppe um Schmoller praktizierte, könne deswegen keine Erkenntnis liefern und bedürfe immer eines erkenntnisgeleiteten Interesses. Zugleich vertrat er die Forderung nach »›scharfen‹ Begriffen«[373] in der sozialwissenschaftlichen und historischen Forschung. Die scharfen, oder »idealtypischen«, Begriffe müssten richtig angewendet werden, um den »Charakter einer Erscheinung mit ihrer Hilfe dahin bestimmen zu können: *inwieweit* sie sich dem einen oder anderen ›Idealtypus‹ annähert.«[374] Als »ideal« gelten bei Weber Idealtypen, wenn sie auf rein logisch-gedankliche Perfektion angelegt sind und die in sie einfließenden Tendenzen bis zu dem denkmöglichen Extrem verfolgt werden. Zum Zweiten handelt es sich um Gedankenbilder, die zwar aus der historischen Wirklichkeit stammen, aber durch gedankliche Steigerung zu einem »widerspruchslose[n] Kosmos gedachter Zusammenhänge«[375], bis hin zu einer Utopie, konstruiert werden. Diese Idealtypen sind konstruierte Setzungen, die der Erforschung der Wirklichkeit entsprechend dem Erkenntnisinteresse

---

369 Weber, Marianne: Max Weber. Ein Lebensbild. 3., unveränderter Nachdruck der 1. Auflage 1926, ergänzt um Register und Verzeichnisse von Max Weber-Schäfer. Tübingen: J. C. B. Mohr (Paul Siebeck) 1984, S. 328.
370 Vgl. Kaesler: Max Weber, S. 39.
371 Vgl. ebd., S. 63.
372 Ebd., S. 64.
373 Ebd., S. 66.
374 Max Weber zitiert nach Kaesler: Max Weber, S. 66. Hervorhebungen im Original.
375 Ebd., S. 66.

des Forschers dienen.[376] Aus diesen Überlegungen entwickelte Weber seine grundsätzliche wissenschaftstheoretische Position gegenüber sozialwissenschaftlicher Forschung und wissenschaftlicher Erkenntnis. Auf der einen Seite stehen die politischen und weltanschaulichen Überzeugungen des Forschers. Als Privatmann kann er sich politisch betätigen, als Wissenschaftler jedoch darf er seine Weltanschauung nicht in seine Forschungsbegriffe einfließen lassen. Damit deklarierte Weber die Verkündigung des »Sozialismus oder [des] Syndikalismus vom Katheder herunter (oder als wissenschaftliches Credo in etwaigen Veröffentlichungen)«[377] als unwissenschaftlich. Diese Konzepte der »Wertfreiheit« und »Werturteilsfreiheit« werden bis heute in den Sozialwissenschaften diskutiert.[378] 1909 entzündete sich an Webers Kritik an der Vermischung von ›Wissenschaft‹ und ›Werturteil‹ der in Kapitel 3.4 bereits diskutierte ›Werturteilsstreit‹. Weber räumte ein, dass die Trennung zwischen empirischer Wissenschaft und weltanschaulicher und politischer Wertung schwierig sei und er selbst oftmals gegen diese Forderung verstoßen habe. Zudem sei bereits in die wissenschaftliche Themenwahl eine gewisse Art der Wertung implementiert.[379] Dezidiert politisch im universitären Rahmen wurde Max Weber erst 1919. Zum einen hielt er den Vortrag *Politik als Beruf* vor dem Freistudentischen Bund, der zusammen mit dem Vortrag *Wissenschaft als Beruf* in überarbeiteter Form publiziert wurde. Die zweite politische Einlassung war seine Antrittsrede in München im Sommer desselben Jahres, die jedoch »im Hörsaal das erste und letzte Wort über Politik sein [sollte], denn sie gehört nicht aufs Katheder und in die Wissenschaft, sondern dorthin, wo der freie Luftzug der Kritik weht.«[380]

Max Webers Ansicht, Soziologie solle eine empirische Wissenschaft sein, »welche soziales Handeln deutend verstehen und dadurch in seinem Ablauf und seinen Wirkungen ursächlich erklären will«[381], wurde zu einem Markstein der modernen Soziologie.

Neben seinen methodologischen Arbeiten verfasste Max Weber Abhandlungen über die Wirtschafts-, Religions-, Rechts-, und Herrschaftssoziologie. Hinzu kam eine *Allgemeine Soziologie*, auch als *Soziologische Kategorienlehre* betitelt. Darin werden in siebzehn Paragraphen die Soziologie, ihre Be-

---

376 Vgl. Gerhardt: Soziologie im zwanzigsten Jahrhundert, S. 47.
377 Ebd., S. 47.
378 Vgl. Kaesler: Max Weber, S. 69.
379 Vgl. ebd., S. 75.
380 Max Weber zitiert nach Weber, Marianne: Max Weber. Ein Lebensbild, S. 673.
381 Eisermann: Bedeutende Soziologen, S. 2.

griffe und die inhaltliche und methodische Ausrichtung gegen andere Wissenschaftsdisziplinen abgegrenzt.[382] Viele dieser Arbeiten waren Teil seines Hauptwerks *Wirtschaft und Gesellschaft*. Laut Kaesler gehört die »Begriffsarchitektur [Webers] zum konstitutiven internationalen Gemeingut der Soziologie«[383] bis in die Gegenwart hinein. Diese andauernde Beachtung von Webers Werk ist auch der Kompilierung seiner Arbeiten in der Gesamtausgabe geschuldet, die erst posthum von seinem Verleger Paul Siebeck und seinen Nachfolgern bei Mohr (Siebeck) vollständig veröffentlicht wurde.

5.4.2 Max Weber und Paul Siebeck: Eine Autor-Verleger-Beziehung

1951 beleuchtete Hans Siebeck in einem Vortrag anlässlich des hundertfünfzigjährigen Bestehens von Mohr (Siebeck) die Rolle des wissenschaftlichen Privatverlags. Darin nannte er auch die Tätigkeiten eines wissenschaftlichen Verlegers und gliederte die Publikationen in zwei Gruppen. Unter die erste Kategorie fallen die Lehrbücher, Kommentare und Handbücher. Viele dieser Publikationen wären nicht zustande gekommen, wenn sich der Verleger nicht um die beteiligten Autoren bemüht und für die Idee des Werkes geworben hätte.[384] Gerade, weil der Verleger auf dem wissenschaftlichen Gebiet nicht die gleiche Expertise wie der Autor vorweisen könne, habe er

> *den Mut, solche Handbücher und Handwörterbücher in Angriff zu nehmen, vor denen der Wissenschaftler in klarer Erkenntnis der aus der fachlichen Problematik sich ergebenden Schwierigkeiten ohne das Drängen des Verlegers oft zurückschreckte.*[385]

Bei solch einem Unternehmen sei es die Leistung des Verlegers, mit Blick auf wissenschaftliche und wirtschaftliche Anforderungen, die verschiedenen wissenschaftlichen Meinungen zu vereinen, »ohne daß den einzelnen Autoren die Selbstständigkeit genommen werden darf.«[386] Die Verbindung von wissenschaftlichen Inhalten und Wirtschaftlichkeit zeige sich auch in der zweiten Kategorie, der Veröffentlichung von Monographien und wissenschaftlichen Zeitungen, die einen exklusiveren Leserkreis von 200 bis 800 Abonnenten ansprechen. Ein Autor werde eher gewillt sein, ein Lehrbuch für den Verlag zu schreiben, wenn dieser auch seine schwerer verkäuflichen

---

382 Vgl. Kaesler: Max Weber, S.104.
383 Kaesler: Max Weber, S.117.
384 Vgl. Siebeck: Hat der wissenschaftliche Privatverlag noch Daseinsberechtigung?, S.10f.
385 Ebd., S.11.
386 Ebd., S.11.

Monographien verlege oder »eine von ihm herausgegebene Zeitschrift betreut, welche von dem Verleger, Heft für Heft, finanzielle Opfer verlangt.«[387]

Die Akquise und Betreuung wissenschaftlicher Autoren bewegte sich demnach zwischen verschiedenen Polen. Auf der einen Seite musste der Verlag mit der Aussicht auf die Publikation von prestigeträchtigen Monographien und Zeitschriften neue Autoren gewinnen und Stammautoren zufrieden stellen. Auf der anderen Seite kam die gezielte Kalkulation von Gewinnen und Verlusten hinzu, um »wissenschaftlich wertvolle Untersuchungen mit geringen Absatzchancen zu veröffentlichen.«[388] Zugleich musste der Verleger die wichtigen Anknüpfungspunkte im wissenschaftlichen Diskurs erkennen, mit den angemessenen Produkten darauf reagieren und einen passenden Autor für diese Aufgabe finden. Um sich einen Überblick über die aktuellen Themen der Wissenschaft und ihrer publizistischen Möglichkeiten zu verschaffen, pflegte der Verlag Mohr (Siebeck) persönliche Kontakte zu seinen wichtigen Autoren.[389] Diese Geschäftspraktik wurde von Paul Siebeck und seinen Söhnen und Nachfolgern Oskar und Werner mit großem Engagement gepflegt. Paul Siebecks Verlagsprogramm baute seit dem Beginn seiner Verlagsführung auf die langjährige Freundschaft zu Autoren auf.[390] Diese Kontakte wurden von der nächsten Generation der Siebeckschen Familie »eher noch verstärkt«[391] weitergeführt.

Einer der Autoren, die Paul Siebeck an den Verlag zu binden wusste, war Max Weber. Er galt seit 1892 als ernstzunehmende Stimme in der zeitgenössischen Nationalökonomie, der darüber hinaus im Umfeld des sozial aufgeschlossenen Kulturprotestantismus agierte. Hatte Max Weber seine vorherigen Arbeiten bei anderen Verlagen untergebracht, erschien seine Freiburger Antrittsrede bei Mohr (Siebeck).[392] Damit war der Grundstein für eine lebenslange Autor-Verleger-Beziehung gelegt, von der sowohl Max Weber als auch der Verlag in hohem Maße profitierten. Im Laufe der Zeit arbeitete Max Weber als Autor, Herausgeber und Verlagsberater für den Verlag und wurde darüber hinaus zu einer Stimme, die sogar bei verlagswirtschaftlichen Entscheidungen Gewicht hatte. Dabei beeinflusste er die »Ausrichtung und Eigenart des Mohr-Siebeckschen Verlagsprogrammes von allen Autoren wohl

---

387　Siebeck: Hat der wissenschaftliche Privatverlag noch Daseinsberechtigung?, S.11.
388　Ebd., S.12.
389　Vgl. Mommsen: Die Siebecks und Max Weber, S.19.
390　Vgl. Knappenberger-Jans: Verlagspolitik und Wissenschaft, S.20.
391　Ebd., S.32.
392　Vgl. Mommsen: Die Siebecks und Max Weber, S.20.

mit am meisten«[393]. Nach seiner Antrittsrede erschienen alle seine wichtigen Werke im Verlag, darunter sein Aufsatz über *Die ›Objektivität‹ sozialwissenschaftlicher und sozialpolitischer Erkenntnis* oder *Die protestantische Ethik und der Geist des Kapitalismus.* Daneben publizierte er auch in den verlagseigenen Zeitschriften, zum Beispiel in der philosophischen Publikation *Logos*[394], und übernahm ab 1903 zusammen mit Werner Sombart die Herausgabe des *Archivs für Sozialwissenschaft und Sozialpolitik (ASSp)* in der daraufhin viele von Webers eigenen Texte erschienen.[395]

Neben seiner Herausgeber- und Autorentätigkeit stand Weber Paul und Oskar Siebeck auch in beratender Funktion zur Seite. Er war an der ersten Auflage des theologischen Lexikons *Religion in Geschichte und Gegenwart (RGG)* als Berater beteiligt[396] und nahm auch Anteil an den verlagsinternen Vorgängen. 1919 stand der Verlag kurzzeitig vor der Entscheidung, mit dem starken Berliner Verlagskonzern de Gruyter zu fusionieren, um seine Unabhängigkeit als kleiner Privatverlag zugunsten einer wirtschaftlich gesicherten Zukunft aufzugeben. Paul Siebeck zog in dieser existenziellen Frage auch seine langjährigen Stammautoren zu Rate, »die mit dem Tübinger Verlag in seiner traditionellen Form eng verbunden waren.«[397] Darunter befand sich auch Weber, dessen Meinung Paul Siebeck sehr schätzte, und der stark gegen die Fusionspläne protestierte. Seiner Meinung nach hätte der Verlag J. C. B. Mohr vor allem an Selbstständigkeit und Eigenverantwortung verloren, während de Gruyter von dem Prestige des bekannten wissenschaftlichen Verlags profitiert hätte. Der traditionelle Autorenverlag wäre vollkommen von dem Großverlag absorbiert und auf einzelne Abteilungen verteilt worden. Die Siebecks nahmen schließlich Abstand von einem Zusammenschluss mit anderen Verlagen, nicht nur aus wirtschaftlichen Gründen, sondern auch wegen ihrer Stammautoren, die im Verlag ihre wissenschaftliche Heimat sahen und die intensive Betreuung der Verleger schätzten. Vor allem die geistes- und sozialwissenschaftlichen Autoren, darunter auch Karl Bücher und eben Max Weber, sträubten sich persönlich gegen die Vorstellung eines Wissenschaftskonzerns.[398]

393　Knappenberger-Jans: Verlagspolitik und Wissenschaft, S. 287.
394　Vgl. ebd., S. 288.
395　Vgl. Mommsen: Die Siebecks und Max Weber, S. 21.
396　Vgl. Knappenberger-Jans: Verlagspolitik und Wissenschaft, S. 288.
397　Ebd., S. 63.
398　Vgl. ebd., S. 66–68.

Einen wichtigen Beitrag leistete Weber auch im Zusammenhang mit dem Sammelwerk *Grundriss der Sozialökonomik (GdS)*, das von 1914 bis 1929 erschien.[399] Dieses Projekt wurde bereits 1905 von Paul Siebeck angestoßen, gemäß der Aufgabe eines guten wissenschaftlichen Verlegers, die richtigen Autoren für entsprechende Projekte zu gewinnen. Er wollte das vierbändige *Handbuch der politischen Ökonomie* von Schönberg neu herausgeben. Dieser Titel war in vierter Auflage das letzte Mal 1896 erschienen und inhaltlich veraltet.[400] Max Weber, der zu diesem Zeitpunkt bereits aus gesundheitlichen Gründen seine Professur aufgegeben hatte und als Herausgeber für das *Archiv* arbeitete, scheute eine Herausgeberschaft, die mit großer Verantwortung und zusätzlichen kontinuierlichen Verpflichtungen verbunden war.[401] Erst mit dem Vorschlag, einen völlig neuen Mitarbeiterkreis für das Projekt zu formieren und die einzelnen Beiträge in einen stärkeren Zusammenhang zu stellen, konnte sich Weber für die Herausgabe interessieren. Besonders stark sollte die Beziehung zwischen der Wirtschaft und Technik und den gesellschaftlichen Ordnungen betont werden.[402] Dies bot ihm die Möglichkeit, »eine große Synthese des zeitgenössischen sozialwissenschaftlichen Erkenntnisstandes zustandezubringen«[403], was der Vorstellung entsprach, die er 1904 in dem Aufsatz über die »Objektivität« der sozialwissenschaftlichen Forschung entworfen hatte. Paul Siebeck hatte persönlich ein großes Interesse an diesem Buchprojekt, für das er Max Weber als prädestinierten Herausgeber sah, nicht nur, weil dieser über einen weiten geistigen Horizont verfügte, sondern auch »wegen seiner stupenden Personenkenntnis auf dem breiten Feld der Nationalökonomie [und] der Sozialwissenschaften, speziell der noch jungen Soziologie.«[404] Ab 1909 erarbeitete Weber einen »Stoffverteilungsplan« und akquirierte potentielle Autoren für das Projekt. Maßgeblich auf Paul Siebecks Anregung erhielt das Werk den Namen *Grundriß der Sozialökonomik* und Weber drang darauf, nicht als Herausgeber, sondern als »schriftführender Mitherausgeber« an der Seite Paul und Oskar Siebecks genannt zu werden. Dadurch wurde der Anteil, den Max Weber an dem Gesamtwerk trug, teilweise verschleiert und zugleich das Mitwirken der Verleger an der Gesamtkonzeption des Werks dokumentiert. Paul Sie-

---

399 Vgl. Knappenberger-Jans: Verlagspolitik und Wissenschaft, S. 287.
400 Vgl. Mommsen: Die Siebecks und Max Weber, S. 23.
401 Vgl. ebd., S. 23.
402 Vgl. Knappenberger-Jans: Verlagspolitik und Wissenschaft, S. 321.
403 Mommsen: Die Siebecks und Max Weber, S. 24.
404 Ebd., S. 24.

beck engagierte sich für den *GdS*, welchen er als sein persönliches Projekt ansah, so stark, dass er 1914 sogar höchstpersönlich die Herstellungsarbeiten überwachte.[405] Insgesamt waren an dem von 1914 bis 1929 erscheinenden Sammelwerk fast fünfzig Sozialwissenschaftler beteiligt.[406] Dennoch gestaltete sich die Zusammenarbeit mit den Wissenschaftlern schwierig, da viele von ihnen, die ihre feste Zusage zur Mitarbeit gegeben hatten, die Abgabefristen jahrelang überzogen oder gar keine Artikel beisteuerten. Weber warf seinen Kollegen vor, die Arbeit an den zugesagten Beiträgen nicht ernst zu nehmen, sondern stattdessen ihre eigenen Publikationen vorzuziehen. Zudem war Weber mit der Qualität mancher Beiträge nicht zufrieden. Die dritte Abteilung des *GdS*, Webers Beitrag *Wirtschaft und Gesellschaft*, erschien als über 800-seitiger Band erst 1922, zwei Jahre nach seinem Tod[407], und wurde posthum zu einem Hauptteil seines Lebenswerks.[408] Dies ist auch ein Verdienst Paul Siebecks, der Max Weber unbedingt an das Projekt binden wollte, ihn dazu ermutigte, einen eigenständig geschlossenen Beitrag in besagtem Abschnitt zu schreiben und auch »gegen die Umfangsüberschreitungen überhaupt nichts«[409] einzuwenden hatte. Zugleich bemühte sich Siebeck darum, dass Weber seine Manuskripte möglichst pünktlich abgab, was häufig ebenso wenig gelang wie bei den anderen Autoren, über die sich Weber selbst beklagte.[410]

Wie stark sich Max Weber dem Siebeckschen Verlag verpflichtet fühlte, zeigt auch ein Vorfall, in den Weber 1912 im Zuge der Arbeit am *GdS* verwickelt wurde. In diesem Jahr meldete sich ein früherer Mitarbeiter des Schönbergschen *Handbuchs*, Bernhard Harms, und beschuldigte den Verlag Mohr (Siebeck) im Namen von Schönbergs Erben, das *GdS* sei ein bloßes Plagiat des Handbuchs in neuer Auflage, um den Erben keine Tantiemen zahlen zu müssen und sich »dadurch der Verpflichtungen gegen mittellose Leute zu entziehen.«[411] Die Auseinandersetzung zwischen Harms, Paul Siebeck und Max Weber ließ sich brieflich nicht lösen und verlagerten sich zunehmend in die Öffentlichkeit.[412] Schließlich ließ Weber Harms eine offizielle Säbel-

---

405 Vgl. ebd., S. 24f.
406 Vgl. Knappenberger-Jans: Verlagspolitik und Wissenschaft, S. 287.
407 Vgl. Weber: Max Weber, S. 424f.
408 Vgl. Knappenberger-Jans: Verlagspolitik und Wissenschaft, S. 323.
409 Mommsen: Die Siebecks und Max Weber, S. 27.
410 Vgl. ebd., S. 27.
411 Weber, Marianne: Max Weber, S. 446.
412 Vgl. ebd., S. 448.

Duellforderung »zu den schwersten nach akademischem Brauch zulässigen Bedingungen«[413] überbringen, um die Ehre »eines großen Verlags von fleckenlosem Ruf«[414] zu verteidigen. Das Duell kam jedoch nie zustande, da Harms sich mit dem Verweis auf berufliche Verpflichtung der Forderung entzog und Max Weber von seiner Frau davon abgehalten wurde.[415] Dieser Konflikt zeigt deutlich, auf welch enge Weise sich Max Weber dem Verlag und Paul Siebeck verbunden fühlte.

Die Arbeiten am *GdS* kamen mit dem Ausbruch des Ersten Weltkriegs 1914 fast vollständig zum Erliegen und verzögerten sich über Jahre. Die Veröffentlichung des gesamten *GdS* sollte ursprünglich bis 1915 erfolgen, doch bis 1918 erschienen jeweils nur die Teile eines einzelnen Bandes.[416] Insgesamt acht Autoren, die am *GdS* beteiligt waren, leisteten Kriegs- oder Zivildienst, wodurch das Erscheinen mehrerer Abteilungen verzögert wurde. Manche Autoren arbeiteten auch nicht mehr an ihren Manuskripten weiter, weil sie der Meinung waren, das ehrgeizige Projekt sei gescheitert und würde auch nach dem Krieg nicht mehr weitergeführt.[417] Max Weber diente als Lazarettoffizier in Heidelberg, sodass auch seine wissenschaftliche Arbeit nicht fortgesetzt werden konnte. Der Verlag litt ebenfalls unter kriegsbedingten Einschnitten. Die strenge Überwachung der Papierkontingente durch die Kriegswirtschaftsstelle stellte den Verlag vor große organisatorische Hürden. Manuskripte mussten pünktlich abgegeben werden, damit möglichst schnell gedruckt werden konnte, um andere Buchprojekte nicht zu blockieren.[418] Um neben der offiziellen Papiereinteilung zusätzliches Material zu erhalten, stellte Paul Siebeck bei der Kriegswirtschaftsstelle eine Ausnahmegenehmigung für bestimmte Titel. Dabei führte er das Argument der Kriegswichtigkeit und des Staatsinteresses an der Publikation an. Unter diese Argumentation fiel auch das Erscheinen des *GdS* unter der Schriftführung von Max Weber.[419] Das Projekt war für Paul Siebeck »als zentrales Element des Verlagsprogramms«[420] so wichtig, dass er dessen Veröffentlichung trotz der kriegsbedingten Schwierigkeiten vorantrieb.

413 Max Weber, zitiert nach Weber, Marianne: Max Weber, S. 449.
414 Max Weber, zitiert nach ebd., S. 448.
415 Vgl. ebd., S. 449.
416 Vgl. Knappenberger-Jans: Verlagspolitik und Wissenschaft, S. 326.
417 Vgl. ebd., S. 90.
418 Vgl. ebd., S. 138f.
419 Vgl. ebd., S. 142.
420 Ebd., S. 90.

Zusätzlich bemühte sich der Verleger, wenn schon die Veröffentlichung des *GdS* nicht wie geplant zustande kam, Max Webers *Protestantische Ethik im ›Geist‹ des Kapitalismus* in einer neuen Auflage zu drucken.[421] Ebenso verhielt es sich mit Webers Aufsatzsammlung über *Die Wirtschaftsethik der Weltreligionen*, die er 1915 fertig gestellt hatte. Beiträge von Weber waren für den Verlag auch in Kriegszeiten so attraktiv, dass Siebeck sie in einer zusätzlichen Nummer des *ASSp* zeitnah veröffentlichte und mit »einem guten Verkauf außerhalb des Abonnements rechnete.«[422] Ohne die Manuskripte überhaupt gelesen zu haben, bot Siebeck ihm zudem eine nachfolgende eigenständige Veröffentlichung der Aufsätze an.[423] Dies zeigt Siebecks Bemühungen, seinen wichtigen Autor, »der sich während des ihn tief erregenden Krieges mit wissenschaftlichen Veröffentlichungen schwer tat«[424] und vor allem publizistische Arbeiten zum Zeitgeschehen schrieb, an dessen wissenschaftliche Arbeiten zu erinnern. Max Weber befasste sich wieder mit den Abhandlungen, die er für den *GdS* schrieb, sodass im Herbst 1919 die ersten Kapitel von *Wirtschaft und Gesellschaft* in den Druck gehen konnten. Paul Siebeck trieb die Herstellung zur Eile an, um Max Weber, der sich mit der Arbeit immer wieder schwertat, zum Überarbeiten der Manuskripte zu motivieren.[425] Im Gegenzug verschwieg der Autor dem drängenden Verleger »wohlweislich«[426] seine Absicht, die älteren Manuskripte von Grund auf redigieren zu wollen. Der Tod Max Webers im Juni und Paul Siebecks im November des Jahres 1920 setzte jedoch eine große Zäsur in dem Vorhaben. Emil Lederer, der auch am *ASSp* beteiligt war, übernahm die Leitung des Projekts, dessen erste Bände von 1914 bereits in zweiter Auflage erscheinen sollten, während andere Manuskripte seit Jahren vorlagen und an Aktualität eingebüßt hatten. Der Name und die Mitarbeit Max Webers am *GdS* sollten auch posthum als Motivation für die Autoren dienen, denn viele Mitarbeiter hatten die Begeisterung für das Siebecksche Großprojekt verloren, und Oskar Siebeck erhoffte sich eine Vorbildfunktion durch Webers Band *Wirt-*

---

421 Vgl. Mommsen: Die Siebecks und Max Weber, S. 28.
422 Knappenberger-Jans: Verlagspolitik und Wissenschaft, S. 104.
423 Vgl. Mommsen: Die Siebecks und Max Weber, S. 28.
424 Ebd., S. 29.
425 Vgl. ebd., S. 29f.
426 Ebd., S. 30.

schaft und Gesellschaft, der schließlich 1921 erschien und durch den »die Herren ihren Standpunkt wohl ändern«[427] sollten.

Die Autor-Verleger-Beziehung zwischen Max Weber und Paul Siebeck hatte sich zu einer langen Partnerschaft entwickelt, von der beide Seiten profitierten. Paul Siebeck versuchte, in seinem »Verhältnis zu Max Weber immer die Rolle des in erster Linie dienenden Verlegers«[428] zu wahren, der nicht zu stark in die inhaltlichen Fragen einzugreifen hatte. Dennoch bemühte er sich offensiv darum, den psychisch instabilen Max Weber zu motivieren, sich seiner wissenschaftlichen Arbeit zu widmen. Paul Siebeck schätzte nicht nur Webers Arbeiten als wichtige Titel im wissenschaftlichen Programm, sondern legte auch Wert auf dessen Meinung bezüglich interner Verlagsangelegenheiten. Das Vertrauen, welches er in Weber setzte, wurde ihm gleichermaßen von seinem Autor entgegengebracht. Max Weber identifizierte sich so stark mit Paul Siebeck und dessen Verlag, dass er die Verlagsehre unbedingt verteidigen wollte. Auf Grundlage dieser Verbindung entstanden wichtige Teile von Webers Gesamtwerk, von denen der Verlag Mohr (Siebeck) bis heute profitiert.

5.4.3 *Max Webers publizistisches Vermächtnis als Gesamtausgabe*

Die Beziehung zwischen Verleger und Autor endete zwar im gemeinsamen Todesjahr 1920, die Titel Max Webers wurden jedoch im Verlag Mohr (Siebeck) weiter gepflegt. Max Weber hatte sich bis zu seinem Tod bemüht, den Stoff seiner Arbeiten zu ordnen und zu redigieren, kam jedoch mit der Überarbeitung der *Gesammelten Aufsätze zur Religionssoziologie* nicht über die Neuformulierung der Einleitung und der Aufsätze über *Die protestantische Ethik im ›Geist‹ des Kapitalismus* hinaus. Der Teil von *Wirtschaft und Gesellschaft*, den er überarbeitet hatte, umfasste nur 180 Seiten.[429] Die gesammelten Werke wurden posthum von Oskar Siebeck publiziert, und die Max Weber Gesamtausgabe erscheint bis heute bei Mohr (Siebeck). Dabei half vor allem in den Anfangsjahren Webers Witwe Marianne dem Verlag, indem sie unter anderem den Band *Wirtschaft und Gesellschaft* redigierte.[430] Sie versammelte »die meisten der einschlägigen Gelegenheitsarbeiten 1922 in einem Sammelband, der den pompösen Titel ›Gesammelte Aufsätze zur Wissenschaftslehre‹

---

427 Verlag (Oskar Siebeck) an Emil Lederer, Heidelberg am 4. Juni 1921. Heidelberg. Verlagsarchiv 399.
     Zitiert nach Mommsen: Die Siebecks und Max Weber, S. 325.
428 Mommsen: Die Siebecks und Max Weber, S. 20.
429 Vgl. Kaesler: Max Weber, S. 102.
430 Vgl. Knappenberger-Jans: Verlagspolitik und Wissenschaft, S. 325.

trägt«[431] und zeichnete auch für den Titel der *Soziologischen Kategorienlehre* verantwortlich, für die Max Weber den Namen »Allgemeine Soziologie« vorgesehen hatte.[432] In die spätere Gesamtausgabe wurde auch die Biographie über ihren Ehemann aufgenommen, die erstmals 1926 erschien. Ab 1956 war Johannes Winckelmann für die Herausgabe verantwortlich, wobei die Texte »von den jeweiligen Herausgebern [...] teilweise erheblich editorisch bearbeitet«[433] wurden. Erneute Aufmerksamkeit erhielten Max Webers Arbeiten 1973, als sich ein Herausgeberkreis zusammenfand, der das »weitverzweigte und auch weiterstreute Werk«[434] möglichst lückenlos und unter editorischen Gesichtspunkten zusammenfügen wollte. Zu diesem Herausgeberkreis zählten Soziologen und Historiker, unter anderem M. Rainer Lepsius, Johannes Winckelmann und Wolfgang J. Mommsen, die als Experten in der Max Weber-Forschung galten. 1976 schlossen die Herausgeber, die ›Bayerische Akademie der Wissenschaften‹ und der Verlag Mohr (Siebeck) den Vertrag über die Herausgabe der *Max Weber-Gesamtausgabe (MWG)*. Die Akademie der Wissenschaften stellte den institutionellen Rahmen und wurde zum offiziellen Auftraggeber des Projektes.[435] Den Herausgebern oblag die wissenschaftliche und organisatorische Verantwortung für die Gesamtausgabe und die Bestimmung der Editoren einzelner Bände. Entscheidungen wurden nach dem Konsensprinzip getroffen, was »zur Qualitätssicherung der Ausgabe entscheidend beigetragen haben«[436] soll. Max Weber war »der größte Lizenzautor des Verlages«[437], sodass Mohr (Siebeck) nicht nur die bestehenden Urheberrechte an den gedruckten Schriften Webers besaß, sondern darüber hinaus auch über Kontakte zur Weberschen Erbengemeinschaft verfügte. Zudem stellte der Verlag die hauseigene Korrespondenz mit Max Weber und seiner Familie zur Verfügung. Neben den Unterlagen des Verlags stammten die Materialen vor allem aus dem damaligen ›Zentralen Staatsarchiv‹ der DDR in Merseburg und dem ›Max Weber-Archiv‹, beziehungsweise dem

---

431 Kaesler: Max Weber, S. 6of.
432 Vgl. ebd., S. 104.
433 Ebd., S. 103.
434 Bayerische Akademie der Wissenschaften. Max Weber-Gesamtausgabe (MWG). Das Projekt.
     URL: https://mwg.badw.de/das-projekt.html [26.07.2016].
435 Vgl. Hanke, Edith/Hübinger, Gangolf/Schwentker, Wolfgang: Die Entstehung der Max Weber-
     Gesamtausgabe und der Beitrag von Wolfgang J. Mommsen. In: Geschichtswissenschaft im Geist
     der Demokratie. Wolfgang J. Mommsen und seine Generation. Hrsg. von Christoph Cornelißen.
     Berlin: Akademie Verlag 2010, S. 207–238, hier S. 22of.
436 Ebd., S. 221.
437 Ebd., S. 223.

›Max Weber-Institut‹ an der Universität München, die von Johannes Winckelmann gegründet worden waren.[438]

Die *Gesamtausgabe* gliedert sich in drei Abteilungen, Max Webers »Schriften und Reden«, seine »Briefe« und die »Vorlesungsmanuskripte und Vorlesungsschriften«.[439] Die Herausgabe der insgesamt 45 Bände und zwei Registerbände begann 1984 und soll bis zum hundertsten Todestag Max Webers im Jahr 2020 abgeschlossen sein.[440] Die *MWG* soll eine dokumentierende Edition nach historisch-kritischen Grundsätzen sein, deren »philologischer Anspruch für eine sozialwissenschaftliche Edition sehr hoch gesteckt«[441] wurde, und damit eine Vorbildfunktion für andere Klassikerausgaben in den Sozial- und Kulturwissenschaften einnehmen. Durch die Form der dokumentierenden Edition soll die *MWG* klar gegen die ersten posthumen ›interpretierenden‹ Ausgaben abgegrenzt werden, die Marianne Weber und später Johannes Winckelmann herausgegeben hatten.[442] Die Rekonstruktion dessen, »was eigentlich Marianne Weber im Schreibtisch ihres Mannes diesbezüglich vorfand«[443] und die »philologische Meisterschaft [...], den letztgültigen Willen eines Autors besser zu kennen als er selbst«[444], solle nicht betrieben werden.

Die Wahl des Verlags Mohr (Siebeck) ergab sich für die Herausgeber und die ›Bayerische Akademie der Wissenschaften‹ aus praktischen, historischen und ideellen Gründen. Der Verlag hatte nicht nur den Großteil der Verlagsrechte für die Druckwerke inne, sondern konnte auch einen Teil der Verlagskorrespondenz zu dem Projekt beisteuern. Auch waren Max und Marianne Weber dem Verlag und Paul Siebeck persönlich stark verbunden gewesen, sodass die Zusammenarbeit mit ›Max Webers Verlag‹ auch eine symbolische Komponente enthielt. Für den Verlag selbst war es eine Möglichkeit, die Werke des ›Verlagsklassikers‹ Max Weber wieder langfristig in die wissenschaftliche Aufmerksamkeit zu rücken. Der Autor war zusammen mit Simmel und Tönnies zu einem Klassiker der Soziologie geworden, der einen kontinuier-

<hr>

438 Vgl. Hanke/Hübinger/Schwentker: Die Entstehung der Max Weber-Gesamtausgabe, S. 218–224.

439 Vgl. ebd., S. 229.

440 Vgl. Bayerische Akademie der Wissenschaften. Max Weber-Gesamtausgabe (MWG). Das Projekt. URL: https://mwg.badw.de/das-projekt.html [26.07.2016].

441 Bayerische Akademie der Wissenschaften. Max Weber-Gesamtausgabe (MWG). Über die Edition. Die Editionsregeln. URL: https://mwg.badw.de/ueber-die-edition/die-editionsregeln.html [26.07.2016].

442 Vgl. Hanke/Hübinger/Schwentker: Die Entstehung der Max Weber-Gesamtausgabe und der Beitrag von Wolfgang J. Mommsen, S. 234.

443 Winckelmann, Johannes: Max Webers hinterlassenes Hauptwerk. Entstehung und gedanklicher Aufbau. Tübingen: J. C. B. Mohr (Paul Siebeck) 1986, S. 84.

444 Hanke/Hübinger/Schwentker: Die Entstehung der Max Weber-Gesamtausgabe und der Beitrag von Wolfgang J. Mommsen, S. 234.

lichen ökonomischen Faktor für den Verlag darstellte. Dazu zählten neben den Primärtexten auch Werke über sein Leben »und zentrale methodologische und theoretische Punkte.«[445] Die Rezeption und Erforschung von Webers Werk wurde nicht nur in Deutschland, sondern auch international betrieben. Dazu zählte neben den USA, »was die Anzahl der Übersetzungen […] und der Veröffentlichungen, die sich mit den vielfältigen Aspekten seines Werks«[446] anbelangte, auch Japan. Es wurde dort so stark rezipiert, dass die günstige Situation auf dem japanischen wissenschaftlichen Buchmarkt für den Verlag Mohr (Siebeck) ausschlaggebend war, die *MWG* zu unterstützen.[447] Seit der Veröffentlichung des erstens Bands 1984 wurden »bis zum Einbruch des Yen rund ›zwei Drittel‹ der Gesamtausgabe nach Japan verkauft.«[448] Im Zuge der Gesamtausgabe publizierte der Verlag seit 1988 auf der Textgrundlage der *MWG* eine *Max Weber-Studienausgabe*, um die Arbeiten »allgemein zugänglich zu machen, unter Verzicht auf den editorischen Apparat«[449], aber mit der Möglichkeit, auf die *MWG* zurückzugreifen.

Dem Verlag Mohr (Siebeck) war es gelungen, das Werk seines Autors auch posthum zu vermarkten und zu einem Klassiker der Soziologie aufzubauen. Verglichen damit, dass Max Webers Werk zu seinen Lebzeiten nur teilweise in der Scientific Community rezipiert wurde, erfuhr es vor allem nach dem Zweiten Weltkrieg große Beachtung.[450] Dabei spielten mehrere Faktoren eine Rolle. Zum einen war Max Weber, ungeachtet seiner wissenschaftlichen Wirkung, zu Lebzeiten eine bekannte Persönlichkeit unter den Soziologen. Als aktives Mitglied des VfS und Gründungsmitglied der DGS hatte er eine gewisse Reputation in der Scientific Community inne. Zeitgenossen, Schüler und Bekannte, auch Oskar Siebeck und Marianne Weber, trugen zu einer »Heroisierung und Stilisierung des ›Geistesaristokraten‹, des ›Titanen‹, des ›Dämonen‹, des ›Genies‹ Max Weber«[451] bei. Einen weiteren Faktor bildeten seine unvollendeten und ungeordneten Arbeiten, so etwa die Texte für den *GdS*. Diese Arbeiten wurden, wie ursprünglich geplant, nach seinem Tod publiziert, um sie der Öffentlichkeit zugänglich zu machen. Die

445 Neef: Die Entstehung der Soziologie aus der Sozialreform, S. 31.
446 Eisermann: Bedeutende Soziologen, S. 1.
447 Vgl. Hanke/Hübinger/Schwentker: Die Entstehung der Max Weber-Gesamtausgabe, S. 223.
448 Ebd., S. 223.
449 Mohr Siebeck. Mehrbändige Werke. Soziologie. Max Weber-Studienausgabe.
      URL: https://www.mohr.de/mehrbaendiges-werk/max-weber-studienausgabe-324800000 [27.06.2016].
450 Vgl. Kaesler: Max Weber: Der lebendige Klassiker, S. 110f.
451 Ebd., S. 112.

»fehlende Systematik, die vorhanden Widersprüche und die unterschiedlichen Präzisionsstufen«[452] zergliederten das Werk in einzelne »Lehrstücke«, in denen sich Punkte zu den verschiedensten Soziologien, zum Beispiel der Bürokratie, Herrschaft, Musik oder Religion, fanden.[453] So erschienen Max Webers *Aufsätze zur Religionssoziologe* im Inflationsjahr 1923 bereits in der zweiten Auflage und galten, nur drei Jahre nach seinem Tod, als »sichere und schnell absetzbare Verlagsklassiker«[454]. Des Weiteren war es Marianne Weber, welche die Aufsätze und Reden ihres Mannes sammelte und somit, auch mit der Biographie über ihn, zu einer ersten Fassung seiner gesammelten Werke und seiner posthumen Anerkennung beitrug.

Die Überlieferung von Max Webers Werk konnte auch deshalb so gut gelingen, weil sich die Soziologie nach 1945 intensiv auf die Rezeption und Neuinterpretation ihrer Klassiker konzentrierte und der Bedarf nach Primär- und Sekundärtexten dauerhaft vorhanden war. Dadurch wurde die synchrone Kommunikation zwischen Weber und der zeitgenössischen Scientific Community in eine diachrone Kommunikation mit wissenschaftlichen Generationen, die nach seinem Tod folgten, umgewandelt.[455] Der Name Max Webers avancierte zu einer Art Markennamen, an dem der Verlag bis heute festhält.[456]

---

452 Kaesler: Max Weber: Der lebendige Klassiker, S. 114.

453 Vgl. ebd., S. 113.

454 Knappenberger-Jans: Verlagspolitik und Wissenschaft, S. 435.

455 Vgl. Meinel, Christoph: Die wissenschaftliche Fachzeitschrift: Struktur- und Funktionswandel eines Kommunikationsmediums. In: Fachschrifttum, Bibliothek und Naturwissenschaft im 19. und 20. Jahrhundert (Wolfenbütteler Schriften zur Geschichte des Buchwesens 27). Hrsg. von Christoph Meinel. Wiesbaden: Harrassowitz 1997, S. 137–155, hier S. 137.

456 Vgl. Jäger: Buchhandel und Wissenschaft, S. 10.

6 DIE WISSENSCHAFTLICHE ZEITSCHRIFT ALS MEDIUM DES ETABLIERUNGSPROZESSES DER SOZIOLOGIE

Eine Publikationsform, die im wissenschaftlichen Diskurs eine wichtige Rolle spielt, ist die Zeitschrift. Sie nimmt im wissenschaftlichen Buchmarkt eine Doppelrolle »als vermittelndes Medium einerseits und Eigeninteressen verfolgender Akteur andererseits«[457] ein. Als Organ der Wissenschaft präsentiert die Zeitschrift wissenschaftliche Kommunikationsformen und trägt zu einer Formierung professioneller und sozialer Strukturen bei. Die Präsentation und Organisation des Wissens in der Zeitschrift wird jedoch nicht nur durch wissenschaftliche Kriterien, sondern auch durch politische und soziale Gegebenheiten, Präferenzen der Verleger und Herausgeber und professionelle Hierarchien in der Scientific Community bestimmt.[458] Die Zeitschrift wird somit zu einem Medium der Dokumentation und Gestaltung wissenschaftlicher Handlungen, »mit denen Wissenschaft betrieben, kommuniziert und bewertet wird.«[459]

6.1 Die Zeitschrift als Hilfsmittel des Institutionalisierungsprozesses

Vor allem im Anfangsstadium einer Wissenschaft leistet die Zeitschrift einen wichtigen organisatorischen Beitrag bei der Ausbildung der akademischen Disziplin. Zu Beginn existiert nur ein geringer Konsens über Theorie und Geschichte bei den Vertretern der jungen Disziplin. Systematisiertes, gesichertes Wissen, das in Lehrbüchern oder einer Fachgeschichte verwendet

---

457 Stöckel, Sigrid: Verwissenschaftlichung der Gesellschaft – Vergesellschaftung der Wissenschaft. In: Das Medium Wissenschaftszeitschrift seit dem 19. Jahrhundert. Verwissenschaftlichung der Gesellschaft – Vergesellschaftung der Wissenschaft (Wissenschaft, Politik und Gesellschaft 5). Hrsg. von Sigrid Stöckel, Wiebke Lieser und Gerlind Rüve. Stuttgart: Steiner 2009, S. 9–23, hier S. 9.
458 Vgl. ebd., S. 10.
459 Ebd., S. 10.

werden kann, existiert nur in Ansätzen.[460] Der Zeitschrift kommt in solchen Stadien des Institutionalisierungsprozesses eine wichtige definitorische Funktion zu, denn während Monographien einzelne Themenkomplexe abdecken, aber »zunächst mit anderen frei kombinierbar bleiben [...], stecken wissenschaftliche Zeitschriften einen Themenbereich ab und grenzen andere aus.«[461] Durch die Auswahl der Autoren entsteht zudem eine personelle Abgrenzung, da diese mit der jeweils repräsentierten Disziplin identifiziert und einer spezialisierten Scientific Community zugeordnet werden. Dadurch wird eine wissenschaftliche Disziplin nach außen repräsentiert und gegen andere Wissenschaften abgegrenzt. In diesem Zusammenhang tritt die Rolle des wissenschaftlichen Herausgebers deutlich in den Vordergrund. Je nachdem wie viel Selbstständigkeit der Herausgeber von dem Verlag zugestanden bekommt, kann er die Themen und die inhaltliche Auffassung der Publikation eingrenzen und somit eine thematische und stilistische ›Richtung‹ vorgeben, in welche die Zeitschrift tendieren soll. Durch ihr inhaltliches Konzept werden die Ein- und Ausgrenzungskriterien für die möglichen Autoren und Rezensenten und die zu behandelnden Themen festgelegt.[462] Dies wird am Beispiel des *Jahrbuchs für Gesetzgebung, Verwaltung und Volkswirtschaft* deutlich, welches nachhaltig von seinem langjährigen Herausgeber Gustav Schmoller geprägt wurde, sodass es bereits zu dessen Lebzeiten den Namen »Schmollers Jahrbuch« erhielt.

Die wissenschaftliche Zeitschrift unterliegt in ihrer Doppelrolle zwischen Kommunikationsmedium und Akteur auf dem wissenschaftlichen Buchmarkt ökonomischen Zwängen und dem gesellschaftlichen Wandel. Um wirtschaftlich bestehen zu können, muss sie dem Geschmack und den Anforderungen der Leser entsprechen, zumal sie als wissenschaftliche Publikation innerhalb der Wissenschaftlergemeinde einem Leserkreis aus Experten präsentiert wird. Die Merkmale der Kontinuität und Periodizität stehen in Abhängigkeit zu einer konsistenten und homogenen Gesellschaft – im Falle der wissenschaftlichen Zeitschrift ist dies die Scientific Community – und können, so Gerhard Menz, »nicht erreicht werden, wo sie im Untergrund selbst noch nicht gesichert sind.«[463] Im Umkehrschluss können Zeitschriften

---

460 Vgl. Stölting: Akademische Soziologie in der Weimarer Republik, S. 145.
461 Ebd., S. 145.
462 Vgl. ebd., S. 145f.
463 Menz Gerhard: Die Zeitschrift. Ihre Entwicklungen und ihre Lebensbedingungen. Stuttgart: Poeschel Verlag 1928, S. 14.

nicht bestehen, wenn sie keine Zielgruppe ansprechen, die bereit ist, die Publikation zu kaufen oder sogar Beiträge zu liefern.

Dieses Spannungsfeld besteht bereits seit der Entstehung wissenschaftlicher Zeitschriften im 17. Jahrhundert. In dieser Epoche etablierten sich die klassischen Naturwissenschaften und eine neue wissenschaftliche Arbeitsform entstand. Neue Entdeckungen und Erkenntnisse machten die Sicherung von Wissen in höherem Maß als zuvor notwendig, sodass Wissenschaftlergruppen ihre Forschung zu einer Gemeinschaftsarbeit machten, in der sie sich gegenseitiger Kritik und Überprüfung aussetzten. Dadurch wurden die Erkenntnisse validiert und zu Bestandteilen eines wissenschaftlichen Kanons der jeweiligen Disziplin. Diese Arbeitsweise machte eine neuartige Form der Kommunikation nötig, um die neuen Erkenntnisse der gesamten Wissenschaftlergemeinde mitzuteilen und diese auf den neuesten Forschungsstand zu bringen. Zudem beinhaltet das Prinzip der Validierung von Informationen innerhalb der Scientific Community eine Dokumentation des Konsenses für die Beteiligten, die Gesellschaft und die Nachwelt. Das Medium Zeitschrift erreichte eine breitere Leser- und Hörerschaft als ein privater Brief oder ein Vortrag vor einer Teilgruppe von Gelehrten und war dabei flexibler, vielseitiger und schneller in der Veröffentlichung als eine Monographie. Als fortlaufender Prozess wird die Wissenschaft zwar von einzelnen Forschern betrieben, aber im Sinne der Scientific Community von einer Gruppe bewertet und vorangetrieben. Mit der Zeitschrift wurde die Wissenschaft zu veröffentlichtem Wissen und es entstand eine formalisierte Kommunikation unter den Forschern des gleichen Arbeitsgebietes.[464] Während im 18. Jahrhundert noch allgemeinwissenschaftliche Zeitschriften dominierten, die auch der wissenschaftlich interessierte Laie und Universalgelehrte als Medium zur Information nutzte, nahm die Menge der spezialisierten Zeitschriften im 19. Jahrhundert zu.[465] Der Aufschwung dieser Zeitschriften war Ausdruck der quantitativen Zunahme, der fachlichen Spezialisierung und der Institutionalisierungsprozesse innerhalb der Wissenschaft im 19. und frühen 20. Jahrhundert. Mit der Etablierung einzelner Wissenschaften als akademische Disziplinen trat die fachspezifische Zeitschrift in den Vordergrund. In

464 Vgl. Fabian, Bernhard: Wissenschaftliche Literatur heute. In: Gelehrte Bücher vom Humanismus bis zur Gegenwart. Referate des 5. Jahrestreffens des Wolfenbütteler Arbeitskreises für Geschichte des Buchwesens vom 6. bis 9. Mai 1981 in der Herzog August Bibliothek (Wolfenbütteler Schriften zur Geschichte des Buchwesens 9). Hrsg. von Bernhard Fabian und Paul Raabe. Wiesbaden: Harrassowitz 1983, S. 169–239, hier S. 170f.
465 Vgl. Stölting: Akademische Soziologie, S. 147.

dieser Zeit fand auch die Herausbildung der staats- und nationalökonomischen Zeitschriften statt, die bis zum Ersten Weltkrieg und teilweise darüber hinaus die größten Foren für die soziologische Wissenschaft bildeten.[466]

Die wissenschaftliche Zeitschrift unterstützte somit die Kommunikation und Kontrolle innerhalb der Wissenschaftlergemeinden und wurde zu einem definitorischen Medium für die Entwicklung einer Einzeldisziplin. Wie bei einer Unterhaltungszeitschrift auch, musste der Herausgeber oder der Verleger einer wissenschaftlichen Zeitschrift

> *marktverbunden arbeiten, [...] seine Thematik immer neu den Qualitätsansprüchen anpassen und [...] versuchen, durch die Auswahl seiner Mitarbeiter seiner Zeitschrift von vorneherein eine gewisse Aufmerksamkeit der interessierten Kreise zu sichern.*[467]

Diese Charakteristika zeichneten auch die nationalökonomischen, staatsrechtlichen und soziologischen Zeitschriften aus, die von den Soziologen bis 1933 genutzt wurden. Die Zuschreibung der ›schnellen‹ und aktuellen Kommunikation als Mittel der Zeitschrift innerhalb der Scientific Community wird ebenfalls im Zusammenhang mit der frühen Soziologie sichtbar. Sowohl der Methodenstreit der jüngeren historischen Schule als auch der von Max Weber initiierte Werturteilsstreit wurden nicht nur im VfS und der DGS, sondern auch publizistisch geführt.[468] Als die Differenzen zwischen Gustav Schmoller und Max Weber über die Richtung des VfS auf der Tagung 1905 im Rahmen einer Diskussion deutlich zutage traten, veröffentlichte der liberale Sozialpolitiker Friedrich Naumann eine Beschreibung des Konflikts nachträglich in der Zeitschrift *Hilfe*. Auf diese Darstellung reagierte wiederum Schmoller mit einem offenen Brief, den er in der *Täglichen Rundschau* veröffentlichte.[469] Max Weber legte seine Meinung über »den Wandel des Diskussionscharakters auch im Verein für Socialpolitik«[470] in einem Beitrag im *ASSp* dar und veröffentlichte im Laufe des Konflikts eine schriftliche Stellungnahme von 1912 noch einmal 1917 in der Zeitschrift *Logos* mit dem Titel *Der Sinn der ›Wertfreiheit‹ der soziologischen und ökonomischen Wissenschaften*. Daran wird ersichtlich, dass sich Zeitschriften besser für eine schnelle Replik eigneten als zum Beispiel Monographien.

---

466 Vgl. Stölting: Akademische Soziologie, S. 148.

467 Kirchner: Das deutsche Zeitschriftenwesen, S. 475.

468 Vgl. Kruse: Von der historischen Nationalökonomie zur historischen Soziologie, S. 153; Kaesler: Max Weber, S. 71.

469 Vgl. Gorges: Sozialforschung in Deutschland 1872–1914, S. 333.

470 Ebd., S. 379.

Als eine der ersten explizit soziologischen Zeitschriften erschienen nach dem Ersten Weltkrieg die *Kölner Vierteljahreshefte für Soziologie.* Sie waren 1922 ursprünglich als *Kölner Vierteljahreshefte für Sozialwissenschaften* gegründet worden, doch der Herausgeber Leopold von Wiese war für eine strikte Trennung von Soziologie und Sozialpolitik, sodass ab dem dritten Jahrgang jeweils die *Sozialpolitischen Hefte* und die *Soziologischen Hefte* bis zu ihrer Schließung 1934 als eigenständige Zeitschriften erschienen.[471] Die Zeitschriften waren eine Publikation des ›Kölner Forschungsinstituts für Sozialwissenschaften‹, welches 1919 von Konrad Adenauer, dem damaligen Oberbürgermeister Kölns, initiiert worden war und erschienen bei Duncker & Humblot. Das Institut sollte eine »systematische Publikationspolitik«[472] betreiben, sodass die Zeitschrift zu einer wichtigen »›gatekeeper‹-Funktion in der deutschen Soziologie nach dem Ersten Weltkrieg«[473] wurde. Die anderen publizistischen Projekte des Instituts verliefen weniger erfolgreich und konnten nicht etabliert werden, sodass die *Vierteljahreshefte für Soziologie* die wichtigste soziologische Publikation des Instituts für Sozialwissenschaften blieben.[474]

Die Zeitschrift war in mehrere Abschnitte eingeteilt, die wichtigsten davon waren der »Allgemeine Teil«, der Beiträge von Autoren umfasste, die ein breites Spektrum der Sozialwissenschaft abdeckten, zum Beispiel Sozialphilosophen, Erkenntnistheoretiker, Anthropologen, Demographen bis hin zu Enzyklopädisten.[475] Den zweiten Teil bildete das *Archiv für Beziehungslehre*, in das nur solche Ansätze aufgenommen wurden, die Leopold von Wieses eigenem Soziologie-Begriff entsprachen. Darin veröffentlichte er seine eigenen Beiträge, Aufsätze seiner Schüler und »solcher Soziologen, die er für Bundesgenossen«[476] seiner Anschauung hielt. Hinzu kamen ein Besprechungsteil und eine »Chronik«, die Nachrufe und Berichte aus anderen Instituten enthielt.[477] Die starke Herausgeberposition behielt von Wiese auch bei, als die *Vierteljahreshefte* ab dem vierten Heft des zweiten Jahrgangs zum offi-

---

471 Vgl. Stölting: Akademische Soziologie, S.168f.

472 Alemann, Heine von: Leopold von Wiese und das Forschungsinstitut für Sozialwissenschaften in Köln 1919 bis 1934. In: Geschichte der Soziologie. Studien zur kognitiven, sozialen und historischen Identität einer Disziplin Band 2. Hrsg. von Wolf Lepenies. Frankfurt am Main: Suhrkamp Verlag 1981, S.349–389, hier S.357.

473 Ebd., S.360.

474 Vgl. ebd., S.358.

475 Vgl. Stölting: Akademische Soziologie, S.169.

476 Ebd., S.170.

477 Vgl. von Alemann: Leopold von Wiese und das Forschungsinstitut für Sozialwissenschaften, S.358f.

ziellen Organ der DGS wurden, was zur weiteren Verbreitung der Zeitschrift beitrug.[478] Ab diesem Zeitpunkt kommunizierten die *Vierteljahreshefte* die offiziellen Mitteilungen der DGS.[479] Diese Regelung bot für beide Seiten Vorteile, da die DGS die Infrastruktur einer bereits bestehenden Publikation nutzen konnte, die darüber hinaus bereits etabliert war. Dadurch erreichte sie einen weiteren Leserkreis als mit einem Titel, der sich in erster Linie an die Mitglieder der Gesellschaft richtete. Auf der anderen Seite hatten die *Vierteljahreshefte* einen gesicherten Kreis von Abnehmern, die die Zeitschrift vornehmlich wegen der Meldungen der DGS bezogen. Obgleich die Zeitschrift ab diesem Zeitpunkt eine repräsentative Rolle für die DGS einnahm und alle soziologischen Strömungen abbilden sollte, blieb in dem »Archiv für Beziehungslehre« von Wieses Schulmeinung gleichgewichtig bestehen. In dem Besprechungsteil erschienen die Rezensionen von Neuerscheinungen, welche für die Soziologie als wichtig gewertet wurden. Dieser Teil wurde ebenfalls vor allem von Leopold von Wiese und seinen Schülern betreut, sodass vor allem von Wieses soziologische Ansichten prominent platziert wurden, zumal die Rezensionen als halboffizielle Meinungen der DGS erschienen.[480] Der Herausgeber versuchte, seine eigene soziologische Theorie als verbindliches Paradigma der deutschen Soziologie durchzusetzen, was ihm aber letztendlich nicht gelang. Zum einen lag das an der scharfen Kritik, mit der er andere Soziologen und ihre Arbeit angriff. Zum anderen wurden gegen Ende der zwanziger Jahre viele Konflikte zwischen Soziologen in anderen Publikationen ausgetragen, sodass die Kölner Vierteljahreshefte ihren repräsentativen Anspruch zum Teil verloren. Dennoch blieben die *Kölner Vierteljahreshefte* bis in die späten 1920er Jahre, auch weil sie das offizielle Kommunikationsmedium der DGS waren, das einzig repräsentative Periodikum für die Soziologie.[481] Mit dem wirtschaftlichen Aufschwung erfolgten weitere Gründungen von Zeitschriften, die den Begriff ›Soziologie‹ im Titel trugen, darunter das *Jahrbuch für Soziologie,* das *Archiv für systematische Philosophie und Soziologie, Ethos. Vierteljahresschrift für Soziologie, Geschichts- und Kulturphilosophie,* die *Zeitschrift für Völkerpsychologie und Soziologie*[482] und das *Archiv für angewandte Soziologie*[483]. Diese Publikationen

<hr>

478 Vgl. von Alemann: Leopold von Wiese, S. 358.
479 Vgl. ebd., S. 359.
480 Vgl. Stölting: Akademische Soziologie, S. 170.
481 Vgl. ebd., S. 172.
482 Vgl. ebd., S. 173–177.
483 Vgl. ebd., S. 184.

vertraten jeweils einen eigenen soziologischen Ansatz und repräsentierten damit auch die verschiedenen Lehrmeinungen und methodologischen Ansätze, die zu diesem Zeitpunkt in der Soziologie vertreten waren. Der Institutionalisierungsprozess der Soziologie und ihre Abgrenzung gegenüber anderen Fachrichtungen war noch nicht abgeschlossen, aber »indem die Soziologen darum stritten, was ›Soziologie‹ sei und was sie zu sein habe, bezogen sie sich auf etwas, dessen Existenz und Berechtigung sie damit gerade unterstellten«[484] und trugen damit zu einer Wahrnehmung und Etablierung der Soziologie bei.

Die wissenschaftliche Zeitschrift hatte im Institutionalisierungsprozess der Soziologie zwei verschiedene Eigenschaften inne. Zum einen trug sie durch ihre spezifischen Attribute, zum Beispiel Flexibilität, Periodizität und Aktualität zu der schnellen Kommunikation in der Scientific Community und dem Institutionalisierungs- und Abgrenzungsprozess der Soziologie bei. Zweitens kann die Menge der neu gegründeten Zeitschriften als ein Indikator für den Stand der Etablierung der jungen Wissenschaft dienen.

6.2　Das *Archiv für Sozialwissenschaft und Sozialpolitik (ASSp)*

Die erste Generation der Soziologen veröffentlichte vornehmlich in den Zeitschriften, die ihnen aus der Tradition der Nationalökonomie und Sozialpolitik vertraut waren. So wurde das *Archiv für Sozialwissenschaft und Sozialpolitik* häufiger als soziologisches Organ rezipiert denn die *Monatsschrift für Soziologie*,[485] die explizit die Institutionalisierung der akademische Soziologie voranbringen sollte, aber bereits nach dem ersten Jahrgang 1909 eingestellt wurde.[486] Somit kann das *ASSp* als ein weiteres Beispiel dienen für die Entwicklung einer Zeitschrift mit starken Herausgebern, die zu einem prägenden Medium der jungen Soziologie wurde. Es stand thematisch und zeitlich zwischen dem Schmollerschen *Jahrbuch*, das im Sinne seines Herausgebers der Nationalökonomie und vor allem der Sozialpolitik verpflichtet blieb und den *Kölner Vierteljahresheften für Soziologie*, die in der Weimarer Republik in Verbindung mit der DGS und Leopold von Wiese zum Kristallisationspunkt der Bemühungen um eine Institutionalisierung der Soziologie wurden.

484　Ebd., S.191.
485　Vgl. Neef: Die Entstehung der Soziologie aus der Sozialreform, S.23, Anmerkung 34.
486　Vgl. Stölting: Akademische Soziologie, S.166f.

Ursprünglich wurde die Zeitschrift 1888 als *Archiv für soziale Gesetzgebung und Statistik* von dem sozialdemokratischen Publizisten Heinrich Braun gegründet. Sein Ziel war die »Erforschung und Lage der Gesellschaft in Hinsicht ihres thatsächlichen Zustandes und Kritik der gesetzgeberischen Massnahmen zu Besserung dieser Lage«[487]. Grundlage für diese Arbeit war zumeist amtliches statistisches Material, das »soweit private Mittel dies gestatten, durch exakte ziffernmäßige Massenbeobachtungen wie durch schildernde Wortdarstellungen und durch historische Untersuchungen«[488] ergänzt wurde. Braun verwies darauf, dass die Spezialisierung auf ein Arbeitsfeld, wie es in anderen Disziplinen ebenfalls gepflegt wurde, »auch auf dem Gebiet der staats-wissenschaftlichen Zeitschriften-Litteratur [sic] seine Berechtigung«[489] besäße und legte damit den wissenschaftlichen Anspruch der Zeitschrift fest, ein überparteiliches, fachübergreifendes und unabhängiges Forschungsorgan der sozialen Statistik und der sozialen Gesetzgebung sein zu wollen.[490] Die Zeitschrift wurde von der H. Laupp'schen Buchhandlung verlegt und entwickelte sich zu einem bekannten sozialwissenschaftlichen Periodikum, in dem auch Max Weber einen nationalökonomischen Beitrag veröffentlichte. Ab dem zweiten Band wurde Werner Sombart zu einem der produktivsten Autoren, der Heinrich Braun auch finanziell unterstütze, sodass bis 1903 Brauns Schulden bei Sombart 1500 Mark betrugen.[491] Da Heinrich Braun auch eine politische Karriere anstrebte, die sich aber nicht mit den Statuten des *Archivs* hätten vereinen lassen, entschloss er sich schließlich zum Verkauf der Zeitschrift. Im Mai 1903 kam es zu einem Treffen mit Max Weber, der seinen Bekannten, den Millionär Edgar Jaffé (1866–1921), als Käufer und sich selbst als Mitherausgeber ins Gespräch brachte. Den Verlag und Vertrieb wollte der Verleger Gustav Fischer übernehmen; er brach die Verhandlungen aber wegen strittiger Vertragsdetails ab. Max Weber schlug Heinrich Braun mehrere Alternativen vor, darunter auch den Ferdinand Enke Verlag und Mohr (Siebeck), bei denen er jeweils selbst schon veröffentlicht hatte. Paul Siebeck zeigte sich sofort interessiert und über-

487 Braun, Heinrich: Zur Einführung. Vom Herausgeber. In: Archiv für soziale Gesetzgebung und Statistik. 1. Jg. (1888) 1, S. 1–6, hier S. 1f.
488 Ebd., S. 4f.
489 Ebd., S. 2.
490 Vgl. ebd., S. 5.
491 Vgl. Gerhards, Thomas: Max Weber und die Übernahme des »Archivs für Sozialwissenschaft und Sozialpolitik« im Jahr 1903/04. In: Zeitschrift für Geschichtswissenschaft. 63. Jg. (2015) 4, S. 317–336, hier S. 320f.

nahm schließlich im Sommer 1903 Verlag und Vertrieb der Zeitschrift.[492] Als Herausgeber zeichneten Werner Sombart, Max Weber und Edgar Jaffé verantwortlich. Die erste Ausgabe erschien 1904 als *Archiv für Sozialwissenschaft und Sozialpolitik* und gleichzeitig noch als 19. Band des *Archivs für soziale Gesetzgebung und Statistik*, um die Kontinuität anzuzeigen. Dieser Ausgabe stellten die neuen Herausgeber ein *Geleitwort* voran, das den Lesern die neue Ausrichtung des *Archivs* darlegen sollte. Es stellte sich in die Tradition des ersten *Archivs* als ›Spezialzeitschrift‹ mit wissenschaftlichem Charakter, die gesellschaftliche und soziale Problemstellungen behandeln sollte.[493] Darüber hinaus wurde das Arbeitsgebiet des neuen *ASSp* erweitert. Die Zeitschrift sollte »die historische und theoretische Erkenntnis der allgemeinen Kulturbedeutung der kapitalistischen Entwicklung als dasjenige wissenschaftliche Problem ansehen«[494], das es zu untersuchen galt. Aus diesem Grund müsse sich das *ASSp* mit allen Nachbardisziplinen der Staatslehre auseinandersetzen, »der Rechtsphilosophie, der Sozialethik, mit den sozial-psychologischen und den gewöhnlich unter dem Namen Soziologie zusammengefaßten Untersuchungen«[495]. Damit wurde der Begriff der Soziologie in einen Zusammenhang mit anderen ›Wissenschaften‹ gestellt und zum Schwerpunktthema erhoben. Ein zweiter Änderungspunkt betraf die vormalige Aufgabe des *Archivs* als statistische Materialsammlung. Andere Zeitschriften im In- und Ausland hatten aber das *Archiv* als Materialsammlung abgelöst, sodass die Aufgabe der Stoffsammlung entfiel. Der Anteil der sozialstatistischen Berichte und Gesetzesentwürfe wurde stark eingeschränkt zugunsten der »Erörterung sozialer Probleme [und der] im engeren Sinn ›Theorie‹ genannte[n] Form der Forschung auf unserem Spezialgebiet: die Bildung klarer Begriffe.«[496] Um die soziale Theorie mit hohen wissenschaftlichen Ansprüchen behandeln zu können, forderten die Herausgeber eine kontinuierliche Erkenntniskritik und Methodenlehre in ihrer Publikation und verwiesen auf Max Webers Beitrag *Die ›Objektivität‹ sozialwissenschaftlicher und sozialpolitischer Erkenntnis*, der sich direkt an das Vorwort anschloss.[497] Dieses

492 Vgl. ebd., S. 322–325.
493 Vgl. Sombart, Werner/Weber, Max/Jaffé, Edgar: Geleitwort. In: Archiv für Sozialwissenschaft und Sozialpolitik (Neue Folge des Archiv für soziale Gesetzgebung und Statistik 19) (1904) 1, S. I*–VII*, hier S. IV*.
494 Ebd., S. V*.
495 Ebd., S. V*.
496 Ebd., S. VI*.
497 Vgl. ebd., S. VII*.

Geleitwort wurde später von Beteiligten der Max Weber-Forschung als ein wichtiger Text zu Beginn seiner Überlegungen über Objektivität und Werturteilsfreiheit in der Sozialforschung angesehen, wenngleich seine Hauptautorschaft und der geringere Anteil Sombarts an diesem Vorwort umstritten sind.[498] Themenschwerpunkte waren neben der Sozialpolitik, Soziologie und Sozialphilosophie, die Wirtschaftstheorie und -politik, die Arbeiterbewegung und der Marxismus. Der Anteil von Sozial-, Wirtschafts- und Kulturgeschichte sank nach dem Herausgeberwechsel 1903 und fand in mehreren Ausgaben keine Beachtung. Das *ASSp* wurde mit dieser Schwerpunktverschiebung und dem Ausbau der Theorie in den Sozialwissenschaften zum wichtigsten Forum für Soziologie vor dem Ersten Weltkrieg.[499]

Das *ASSp* war in vier Abteilungen aufgeteilt. Im ersten Teil fanden sich die eigentlichen Aufsätze. Der Leitartikel jeder Ausgabe wurde als besonders wichtig erachtet, und diese Artikel waren es, die den Erfolg der Zeitschrift vornehmlich ausmachten. Manche von ihnen wurden so außerordentlich populär, dass der Verlag Mohr (Siebeck) sie noch einmal gesondert auflegte und zum Teil mehrmals nachdruckte. Darauf folgte eine Abteilung mit Vermischtem oder sekundären Artikeln, die sich mit einem speziellen Thema in einer Region oder einer bestimmten Stadt befassten. Der letzte Teil enthielt Rezensionen zu wichtiger Literatur. Ab 1910 kam noch eine »Sozialpolitische Chronik« hinzu, die von Emil Lederer betreut und bis 1921 geführt wurde. Darin wurde über die Aktivitäten von sozialpolitischen Gruppen berichtet, dazu gehörten die Arbeiterbewegung, Angestelltenorganisationen und Aktivitäten von Angestellten des öffentlichen Dienstes. Neben der Zeitschrift erschien eine Serie von Monographien im Namen des *ASSp*, die wegen der Länge der Texte und ihrer speziellen Themenwahl als »Ergänzungshefte« veröffentlicht wurden. Während des Krieges wurde die Zeitschrift inhaltlich von Redaktion und Verlag angepasst, und die Bände 40, 43 und 45 wurden als spezielle »Kriegshefte« verlegt.[500] Darin fanden sich Beiträge über die wirtschaftlichen Probleme und Auswirkungen auf Deutschland, aber auch Abhandlungen über die Wirtschaft anderer Länder, darunter Österreich, aber auch Italien oder Russland. Die Kriegshefte sollten trotzdem wissenschaft-

---

498 Vgl. Ghosh, Peter: Max Weber, Werner Sombart and the Archiv für Sozialwissenschaft: The autorship of the »Geleitwort« (1904). In: History of European Ideas 36 (2010) 1, S. 71–100, hier S. 72f. DOI: 10.1016/j.histeuroideas.2009.10.003 [30.05.2016].

499 Vgl. Stölting: Akademische Soziologie, S. 154–156.

500 Vgl. Factor, Regis A.: Guide to the Archiv für Sozialwissenschaft und Sozialpolitik Group 1904–1933. A History and Comprehensive Bibliography. Westport, Conneticut: Greenwood Press 1988, S. 19–24.

lich bleiben und »einen bewussten Gegensatz zur aktuellen Tagespublizistik bilden.«[501] Paul Siebeck war auch deswegen für die Veröffentlichung dieser Sonderhefte, um sich gegen die Konkurrenz von *Schmollers Jahrbuch* abzusetzen, das bei Duncker & Humblot erschien. Während diese Publikation nicht auf Kriegsthemen umgestellt worden war, konnte Siebeck im *ASSp* fundierte Berichte zu hochaktuellen Themen anbieten. Diese Ausgaben, sowie seine Kriegsergänzungen *Krieg und Wirtschaft* gehörten auch noch in den Nachkriegsjahren zu den erfolgreichsten Projekten des Verlags.[502]

Seit der Gründung des Braunschen *Archivs für soziale Gesetzgebung und Statistik* 1873, über die Neugründung 1903 bis zu Beginn des Ersten Weltkriegs befassten sich bereits 313 Aufsätze mit soziologischen Themen,[503] die Tendenz stieg in dieser Zeit bis zum Jahrgang 1913, als einundzwanzig soziologische Beiträge erschienen.[504]

Weber und Sombart waren die »intellektuell leitenden Herausgeber […], Jaffé gleichwohl der ›Chef‹ des Journals«[505], der als einziger berechtigt war, Mitredakteure, Mitherausgeber oder Stellvertreter zu benennen. In dieser Position entschied er zusammen mit dem Verleger auch über die technischen Details des *ASSp*, zum Beispiel die Wahl der Drucktypen, die Arbeit der Druckerei oder den Absatz der Zeitschrift.[506] Jaffé stand auch deshalb etwas abseits von Weber und Sombart, weil er nicht eine prestigeträchtige akademische Vorgeschichte vorweisen konnte. Als Sohn von Hamburger Textilfabrikanten hatte er sich in England bei einem Zweig der Familie in Manchester seine wirtschaftliche Unabhängigkeit erarbeitet, um sich ab da »ausschließlich dem akademischen Leben zu widmen.«[507] Er hatte erst 1902 promoviert und habilitierte sich 1904. Nachdem er 1909 ein Jahr als Privatdozent für Nationalökonomie gearbeitet hatte, folgte er 1910 einem Ruf als ordentlicher Professor an die Handelshochschule in München. Seine Bekanntschaft mit Max Weber war nicht auf akademischem Weg, sondern über seine Frau Else Jaffé, geborene Richthofen, zustande gekommen. Dennoch war er es

---

501 Knappenberger-Jans: Verlagspolitik und Wissenschaft, S. 119.
502 Vgl. ebd., S. 119.
503 Vgl. Wallgärtner: Der soziologische Diskurs im Kaiserreich, S. 420.
504 Vgl. ebd., S. 427.
505 Knappenberger-Jans: Verlagspolitik und Wissenschaft. S. 331.
506 Vgl. ebd., S. 332.
507 Kaesler: Max Weber, S. 99.

gewesen, der mit seinem Vermögen das *ASSp* gekauft hatte und damit Weber und Sombart eine Plattform bot.[508]

Max Weber hatte zu Beginn gezögert, mit seinem Namen für die Zeitschrift zu stehen, sobald er jedoch dem Projekt zugesagt hatte, bemühte er sich um Beiträge von Kollegen und Gelehrten. Nach seinem Austritt aus dem universitären Dienst konnte er durch das *ASSp* wieder verstärkt in den Kontakt mit Wissenschaftlern und Kollegen treten. Er begann »eine ausgebreitete Korrespondenz [...], um dem *Archiv* neue Mitarbeiter zu gewinnen, alte zu erhalten und vielseitige Anregungen für Abhandlungen auszuteilen.«[509] Max Weber kümmerte sich vor allem um die inhaltliche Komponente. Er betreute eine Reihe von Soziologen und auch Wissenschaftler aus benachbarten Gebieten, darunter waren der Staatsrechtler Georg Jellinek, der amerikanische Wirtschaftswissenschaftler Jacob H. Hollander, der Theologe und Kulturphilosoph Ernst Troeltsch und der russische Statistiker Alexander Tschuprow.[510] Manche von ihnen, wie im Fall von Jellinek und Troeltsch, konnten über die Mitarbeit am *ASSp* als Autoren von Monographien und Lehrbüchern an den Verlag Mohr (Siebeck) gebunden werden.[511] Werner Sombart hatte bereits als Mitarbeiter des ersten *Archivs* bis 1903 nationale und internationale Kontakte geknüpft, die der Zeitschrift in der Folge zugutekamen.[512] Vor allem für Jaffé und Weber war das *ASSp* auf akademische Weise von Bedeutung. Während Jaffé mit der Herausgeberschaft seine akademische Reputation zu steigern versuchte,[513] bot sich Max Weber die Gelegenheit, »jenseits des akademischen Betriebs an den Universitäten ein Teil der community of scholars zu bleiben«[514] und im Namen der wissenschaftlichen Zeitschrift mit Wissenschaftlern zu kommunizieren.

Trotz des gewünschten weiten Spektrums der Beiträge nahmen die Herausgeber nicht jeden Beitrag in das *ASSp* auf, sondern folgten durchaus ihren persönlichen Präferenzen und wissenschaftlichen Anschauungen, wenn es um die Aufnahme von Autoren oder Ansichten ging, die sie ablehnten.[515] Zudem bemühten sich vor allem Weber und Sombart darum, ihre eigenen

---

508 Vgl. Ghosh: Max Weber, Werner Sombart and the Archiv für Sozialwissenschaft, S. 98.
509 Weber, Marianne: Max Weber, S. 290.
510 Vgl. Gerhards: Max Weber und die Übernahme des »Archivs«, S. 327.
511 Vgl. Knappenberger-Jans: Verlagspolitik und Wissenschaft, S. 288.
512 Vgl. Gerhards: Max Weber und die Übernahme des »Archivs", S. 327.
513 Vgl. Ghosh: Max Weber, Werner Sombart and the Archiv für Sozialwissenschaft, S. 98.
514 Gerhards: Max Weber und die Übernahme des »Archivs«, S. 329.
515 Vgl. ebd., S. 328.

Beiträge an prominenten Stellen des *ASSp* zu platzieren.[516] Die Verleger Paul und Oskar Siebeck griffen nicht in die Auswahl einzelner Artikel ein, diskutierten jedoch über allgemeine Vorgaben und Richtungen des *ASSp*. So forderte Oskar Siebeck nach dem Erfolg der »Kriegshefte« eine Fortsetzung der aktuellen Publikationen unter Vernachlässigung der konventionellen Ausrichtung der Zeitschrift. Diese Entwicklung wurde jedoch von den neuen Herausgebern eingeschränkt.[517]

Nach dem Tod von Weber und Jaffé in den Jahren 1920 und 1921 schied auch Sombart aus der Redaktion aus. Bereits 1917 war der Nationalökonom und Redakteur der *Sozialpolitischen Chronik* Emil Lederer zum leitenden Redakteur bestimmt worden. Zusammen mit Alfred Weber und Josef Schumpeter übernahm er ab 1922 die Leitung des *ASSp* bis zu seiner Auflösung 1933.[518] In der Nachkriegszeit konnte es »vergleichsweise schnell wieder an die positiven Resultate der Kriegszeit anknüpfen.«[519] Es blieb »eines der wichtigsten soziologischen Publikationsmedien«[520], wobei weniger einzelwissenschaftliche Tendenzen, sondern übergreifende Fragen der Kultur- und Wirtschaftssoziologie und der Sozialstruktur untersucht wurden.

Das *ASSp* entwickelte sich nach 1903 zu einem wichtigen Organ der jungen Soziologie. An ihm wurde die Doppelrolle der Zeitschrift offensichtlich. Es agierte als vermittelndes Medium der wissenschaftlichen Kommunikation, das von den Herausgeberpersönlichkeiten gesteuert und gegenüber anderen Periodika thematisch abgegrenzt wurde. Die Herausgeber entschieden über Autoren und Beiträge und gaben dadurch die Thematik und den Schwerpunkt ›ihrer‹ Zeitschrift vor. Durch diese Differenzierung und den explizit wissenschaftlichen Ansatz des *ASSp* wurde auch zur Etablierung der Soziologie als Wissenschaft beigetragen, nannten Sombart, Weber und Jaffé den Begriff ›Soziologie‹ doch explizit in ihrem *Geleitwort* und machten sie somit verstärkt zum Gegenstand des publizistischen Interesses. Zugleich musste das *ASSp* wirtschaftlichen Ansprüchen genügen, um als Periodikum bestehen zu können. Das Interesse der Leser musste nicht nur mit der übergeordneten Linie der Zeitschrift, sondern auch mit jeder Ausgabe neu angeregt werden. Beispielhaft dafür sind die Kriegshefte, die das Verlangen einer intellektuellen Gruppe nach aktuellen sozialwissenschaftlichen Untersu-

---

516 Vgl. ebd., S.333.
517 Vgl. Knappenberger-Jans: Verlagspolitik und Wissenschaft, S.317f.
518 Vgl. Factor: Guide to the Archiv, S.25f.
519 Knappenberger-Jans: Verlagspolitik und Wissenschaft, S.468.
520 Stölting: Akademische Soziologie, S.155.

chungen über den Ersten Weltkrieg bedienten. Auf Seiten des wissenschaftlichen Verlags waren Paul und Oskar Siebeck auf die Wirtschaftlichkeit der Zeitschrift bedacht und versuchten durch eine Anpassung des Schwerpunkts den ökonomischen Erfolg des *ASSp* noch zu steigern und sich dadurch von der Konkurrenz des Schmollerschen *Jahrbuchs* abzusetzen. Leitartikel, die bei ihrer Erstveröffentlichung im *ASSp* erfolgreich waren und gewinnbringend erschienen, wurden vom Verlag noch einmal als Monographie aufgelegt. Auf diese Weise wurden jene Zeitschriftenbeiträge von einer synchronen Kommunikation in eine Art asynchrone Kommunikation übersetzt. Auch das *Geleitwort* wurde im Laufe der Zeit von einem konventionellen Zeitschriftenvorwort zu einem beachtenswerten Text der Klassiker der Soziologie erhoben. Das *ASSp* entwickelte sich von 1903 bis 1933 zu einem der »most celebrated social science periodical[s] of the entire 20th century: one of the finest [...] flowerings of German intellectual culture«[521].

Im Etablierungsprozess der Soziologie von der Jahrhundertwende und bis zum Ende der Weimarer Republik spielten Zeitschriften eine wichtige Rolle. Bereits im Kaiserreich wurde mit der sozialwissenschaftlichen Tendenz in Schmollers *Jahrbuch* der Grundstein gelegt für die nachfolgenden sozialwissenschaftlichen und soziologischen Periodika, welche die Institutionalisierungsprozesse der Soziologie als akademische Einzeldisziplin begleiteten und förderten. Wenngleich ›Soziologie‹ in den Periodika auf verschiedene Arten verstanden wurde, wurde die Existenz der Soziologie durch den Diskurs über sie bestätigt. Damit trugen die wissenschaftlichen Zeitschriften zu einer Ausbildung der Soziologie als Wissenschaft und einer Festigung ihrer Strukturen im akademischen Sinne bei.

521 Ghosh: Max Weber, Werner Sombart and the Archiv für Sozialwissenschaft, S. 72.

7 DIE BEDEUTUNG WISSENSCHAFTLICHER VERLAGE FÜR DIE ETABLIERUNG DER JUNGEN DISZIPLIN SOZIOLOGIE

Zwischen der Soziologie und den wissenschaftlichen Verlagen hatte sich eine wechselseitige Beziehung entwickelt, die durch verschiedene Faktoren auf beiden Seiten bestimmt wurde. Dieser konkreten Beziehung zwischen Fach und Verlag lag die Entwicklung der Soziologie zur akademischen Wissenschaft und ihrer Scientific Community zugrunde.

Zum einen ist die Wissenschaft aufgrund ihrer speziellen Wesensmerkmale und Ausprägungen auf den Verlag und seine Publikationsformen angewiesen. Eine Scientific Community hat immanente soziale Strukturen und Hierarchien, die durch die Reputation der einzelnen Mitglieder bestimmt werden. Gleichzeitig dient sie als Kontrollinstanz für die Forschungsergebnisse der einzelnen Mitglieder. Um mit korrekten und anschlussfähigen Erkenntnissen die eigene Reputation zu erhöhen, unterliegt der Wissenschaftler dem Veröffentlichungszwang seiner Ergebnisse. An dieser Stelle des Prozesses bieten die wissenschaftlichen Verlage dem Wissenschaftler mit ihren Produkten die Möglichkeit der Veröffentlichung. Dadurch erfüllen wissenschaftliche Publikationen nicht nur eine Kommunikationsfunktion, sondern auch eine soziale Funktion innerhalb der Wissenschaftlergemeinde und wirken auf verschiedene Arten. Ihre spezifischen publizistischen Merkmale unterstützen die Kommunikationsstrukturen der Wissenschaft und fördern somit nicht nur die Herausbildung einer Scientific Community, sondern tragen auch zu ihrer Festigung bei. Diese Doppelwirkung lässt sich an den wissenschaftlichen Zeitschriften zeigen, die Soziologen als Plattform für ihre Texte nutzten. Die Periodika dienten durch die Themen- und Autorenauswahl als Mittel der Abgrenzung gegenüber anderen Fachrichtungen und ermöglichten die Kommunikation unter den Wissenschaftlern über die zu

Grunde gelegten Themen. Die zeitschriftenspezifischen Merkmale ermöglichten in der Anfangsphase der Soziologie, als noch kein Konsens über eine gesicherte Lehrmeinung und ein methodisches Vorgehen vorhanden war, einen schnellen und aktuellen Austausch über verschiedene methodologische und soziologische Auffassungen. Dadurch entstand ein Prozess der Ausdifferenzierung, in dessen Folge ein Begriff der Soziologie etabliert und in das Blickfeld der universitären Öffentlichkeit gerückt wurde. So nutzte etwa die DGS die wissenschaftliche Zeitschrift als Sprachrohr für ihre Belange. Zugleich konnten Autoren durch Veröffentlichungen an der Scientific Community Anteil nehmen und ihren Bekanntheitsgrad erhöhen. Durch die Arbeit am *ASSp* blieb Max Weber mit den akademischen Kreisen der Soziologie verbunden, obgleich er keiner Lehrtätigkeit an einer Universität nachging. Dies war freilich auch deshalb möglich, weil die Wissenschaftlergemeinde noch im Entstehen begriffen war und sich die gefestigten Strukturen nicht zur Gänze herausgebildet hatten. Neben den unterschiedlichen Vorstellungen, was Soziologie im Grunde sei, war deren Scientific Community weniger homogen als in naturwissenschaftlichen Disziplinen. Zu dieser primären Aufgabe der wissenschaftlichen Zeitschrift als Kommunikationsmedium der Soziologie kommt auch die Möglichkeit hinzu, die Anzahl der Neugründungen von soziologischen Zeitschriften als Indikator für den Stand der Etablierung der Soziologie in Deutschland zu sehen.

Um 1900 nahm die soziologische Forschung stetig zu, sodass die Soziologie eine breitere Basis in Form von Publikationen und Vereinstätigkeit gewann. Nach dem Ersten Weltkrieg erstarkte das Selbstbewusstsein der ersten Soziologen und brach sich in der Forderung und Einrichtung von soziologischen Lehrstühlen Bahn. Da die Reputation eines Wissenschaftlers in der Wissenschaftlergemeinde und das Verhältnis unterschiedlicher Scientific Communities untereinander auch von der beruflichen Position der Wissenschaftler an der Universität abhing, verbesserte sich nach der Einführung der ersten Lehrstühle für Soziologie wiederum die Position der Soziologen und ihrer Scientific Community. Diese Bedeutungszunahme der Soziologie als Disziplin zeigte sich nicht nur in der Anzahl der Neugründung soziologischer Zeitschriften, sondern der soziologischen Publikationen im Allgemeinen. Gegen Ende der Weimarer Republik war die disziplinäre Soziologie zwar noch immer von heterogenen Meinungen geprägt, hatte aber bereits ein Bewusstsein für die eigene Fachgeschichte und wichtige Themenfelder der Soziologie entwickelt. Vor solch einem Hintergrund entstanden die ersten Überblickswerke wie das *Handwörterbuch der Soziologie* von Alfred Vierkandt, in dem wichtige Vertreter der neuen Disziplin ihre Erkenntnisse präsentierten und somit ein Zeichen für die Vielseitigkeit und Wirkungsmacht der jungen Disziplin setzten.

Wenngleich die Wissenschaft auf den wissenschaftlichen Verlag angewiesen ist, so macht es die Spezialisierung des Verlags auf die wissenschaftliche Nische nötig, dass er den Anforderungen der Wissenschaft entspricht. Der einzelne Verlag kann nur bestehen, wenn wissenschaftliche Autoren bei ihm ihre Erkenntnisse veröffentlichen wollen und muss deswegen seine Produktauswahl an die Bedürfnisse der wissenschaftlichen Kommunikation anpassen. Dennoch ist der wissenschaftliche Verlag kein ausnahmslos fremdreferentiell gesteuertes Unternehmen. Die wissenschaftlichen Publikationen unterliegen den ökonomischen Bedingungen des Buchmarktes und müssen somit für den Verleger wirtschaftlich vorteilhaft sein. Der Ferdinand Enke Verlag nahm soziologische Publikationen nach dem Ersten Weltkrieg in sein mehrheitlich naturwissenschaftlich orientiertes Programm auf, um neue Käuferkreise zu erschließen. Die Sparte der Soziologie musste demnach wirtschaftlich rentabel sein, um auch in den Folgejahren im Verlagsprogramm belassen zu werden. Im Vergleich dazu wurden die Verleger von Mohr (Siebeck) und Duncker & Humblot von ihren persönlichen Interessen geleitet, als sie soziologische Werke in das jeweilige Programm aufnahmen. Sie richteten sich bei der Profilierung ihres Verlags an der Soziologie aus. Zugleich kann es einem wissenschaftlichen Verlag gelingen, mit bekannten Wissenschaftlern ihres Fachs als Autoren die eigene Bekanntschaft in der Scientific Community zu steigern und sich für weitere Wissenschaftler attraktiv zu machen. Im Umkehrschluss wird ein Autor versuchen, seine Reputation zu erhöhen, wenn er seine Arbeiten bei renommierten Verlagen unterbringt. So wird ein gegenseitiges Abhängigkeitsverhältnis zwischen der Wissenschaft, in diesem Fall der Soziologie, und den Verlagen ersichtlich. Wissenschaftliche Verlage können jedoch nicht nur durch die Auswahl ihrer Autoren auf den wissenschaftlichen Kommunikationsprozess einwirken. Indem sie die Entstehung wissenschaftlicher Publikationen, Monographien ebenso wie Zeitschriften, Sammelwerke und Lehrbücher anstoßen oder wissenschaftliche Autoren zu Herausgebern oder Verlagsberatern machen, können sie die wissenschaftliche Kommunikation steuern und übernehmen so eine aktive Rolle in der Entwicklung einer Disziplin. Indem sich Carl Geibel bereit erklärte, die *Schriften des Vereins für Socialpolitik* und später die *Köl-*

ner Vierteljahreshefte der Soziologie zu veröffentlichen, trug er zur Etablierung der Sozialpolitik und der Soziologie bei. Noch deutlicher tritt der Einfluss der Verleger bei der Wahl von Soziologen als Herausgeber hervor, sei es bei wissenschaftlichen Zeitschriften oder Sammelwerken. Gustav Schmoller, Max Weber, Werner Sombart, sowie später Emil Lederer und Leopold von Wiese, prägten die von ihnen betreuten wissenschaftlichen Zeitschriften durch ihre eigenen Positionen und beeinflussten dadurch ganze Leserkreise in der Scientific Community mit ihrer vorgegebenen Richtung. Alfred Vierkandt war es als Herausgeber des *Handwörterbuchs der Soziologie* gelungen, im Namen des Ferdinand Enke Verlags hochrangige Vertreter der Soziologie in einem Werk zu vereinen und die zeitgenössischen soziologischen Aspekte als aktuellen wissenschaftlichen Entwicklungsstand zu präsentieren, auf den man sich auch nach dem Zweiten Weltkrieg bezog.

Dies gelang auch deshalb, weil die akademische Soziologie nach dem Zweiten Weltkrieg auf ihre Anfänge vor 1933 blickte und auf soziologische Theorien zurückgriff, die nicht unter den nationalsozialistischen Machthabern entstanden oder zum Zwecke ihrer Ideologie benutzt worden waren. Die neue Generation von Soziologen schuf in der Nachkriegszeit und darüber hinaus einen Kanon, der die Soziologen der ersten Stunde und ihre Arbeiten zu Klassikern ihres Fachs machte. Diese Sammlung von Primärtexten stiftete bei den Soziologen, die keine etablierte Fachgeschichte vorweisen konnten, eine gemeinsame Identität. Im Zuge dieser Neuentdeckung der ersten Soziologen verstand es vor allem Mohr (Siebeck), den Stammautoren Max Weber als ›Klassiker‹ zu präsentieren und zu stilisieren, sodass sich die Wirkung seiner Werke, aber auch die seiner Person bis in die heutige Zeit erstrecken und international rezipiert werden.

Das Publikationswesen der jungen Soziologie war zum einen ein integratives Element der wissenschaftlichen Kommunikation, das im gleichen Maß wuchs, in dem auch die Etablierung der Soziologie als wissenschaftliche Disziplin voranschritt. Zugleich standen die Soziologie und die wissenschaftlichen Verlage in einer spannungsgeladenen Wechselwirkung, in der die Soziologie um Möglichkeiten der Publikation rang, während die Verlage nicht nur wissenschaftliche, sondern auch ökonomische Aspekte miteinander vereinen mussten. Die Gründe, weshalb wissenschaftliche Verlage die junge Disziplin der Soziologie in ihr Verlagsprogramm aufnahmen, bewegten sich zwischen persönlicher Überzeugung, der Schärfung des Verlagsprofils und wirtschaftlichem Pragmatismus. Gleichgültig, welcher Grund letztlich zur Publikation soziologischer Werke führte, durch die Veröffentlichung ihrer Texte eröffnete sich für die Soziologie die Möglichkeit zur wissenschaftlichen Kommunikation und Anschlusskommunikation, welche für die Ausbildung einer Scientific Community und ihrer Strukturen außerordentlich wichtig war. Je stärker der Institutionalisierungsprozess der Soziologie, begünstigt durch verschiedene Publikationsformen, voranschritt, desto mehr konnte sich die Soziologie im universitären Diskurs etablieren, und dies mündete in die Schaffung der ersten Lehrstühle für Soziologie in der Zeit der Weimarer Republik. Dieser Etablierungsprozess wurde nicht allein durch die Wissenschaftler, sondern maßgeblich auch durch die Arbeit wissenschaftlicher Verlage und ihrer Produkte vorangetrieben.

LITERATURVERZEICHNIS

Quellen

100 Jahre Ferdinand Enke Verlagsbuchhandlung Stuttgart. Jubiläumskatalog 1837–1937. Stuttgart: Ferdinand Enke Verlagsbuchhandlung 1937.

150 Jahre Ferdinand Enke Verlag. Ein Abriß der Verlagsgeschichte. Stuttgart: Ferdinand Enke Verlag 1987.

1801–1951 J. C. B. Mohr (Paul Siebeck) Tübingen. Jubiläumskatalog. Tübingen: J. C. B. Mohr (Paul Siebeck) 1951.

Bayerische Akademie der Wissenschaften. Max Weber-Gesamtausgabe (MWG). Das Projekt. URL: https://mwg.badw.de/das-projekt.html [26.07.2016].

Bayerische Akademie der Wissenschaften. Max Weber-Gesamtausgabe (MWG). Über die Edition. Die Editionsregeln. URL: https://mwg.badw.de/ueber-die-edition/die-editionsregeln.html [26.07.2016].

Borchardt, Knut: Schmoller, Gustav von. In: Neue Deutsche Biographie 23 (2007), S. 260–262 [Onlinefassung]. URL: https://www.deutsche-biographie.de/gnd118609378.html#ndbcontent [28.07.2016].

Braun, Heinrich: Zur Einführung. Vom Herausgeber. In: Archiv für soziale Gesetzgebung und Statistik 1 (1888) 1, S. 1–6.

Duncker & Humblot. Der Verlag. Verlagschronik. URL: http://www.duncker-humblot.de/index.php/verlags_chronik/ [07.06.2016].

Handwörterbuch der Soziologie. Hrsg. von Alfred Vierkandt in Verbindung mit G. Briefs, F. Eulenburg, F. Oppenheimer u. a. Stuttgart: Ferdinand Enke Verlag 1931.

Mohr Siebeck. Mehrbändige Werke. Soziologie. Max Weber-Studienausgabe. URL: https://www.mohr.de/mehrbaendiges-werk/max-weber-studienausgabe-324800000 [27.06.2016].

Mohr Siebeck. Verlag. Über uns. Die Geschichte des Verlages. URL: https://www.mohr.de/verlag/ueber-uns [14.06.2016].

Schelsky, Helmut: Geleitwort. In: Handwörterbuch der Soziologie. Hrsg. von Alfred Vierkandt in Verbindung mit G. Briefs, F. Eulenburg, F. Oppenheimer u. a. Unveränderter Neudruck. Stuttgart: Ferdinand Enke Verlag 1959, S. IIIf.

Schlechter, Armin: Des Knaben Wunderhorn. Eine Momentaufnahme des populären Liedes. In: Ruperto Carola 1 (2008). URL: https://www.uni-heidelberg.de/presse/ruca/ruca08-1/02.html [14.06.2016].

Schmoller, Gustav: Ueber Zweck und Ziele des Jahrbuchs. Vom
    Herausgeber. In: Jahrbuch für Gesetzgebung, Verwaltung und
    Volkswirtschaft im Deutschen Reich. 5 (1881), S. 1–18.
Schumacher, Hermann: Zur Übernahme des Jahrbuchs. In: Schmollers
    Jahrbuch für Gesetzgebung, Verwaltung und Volkswirtschaft im
    Deutschen Reiche (1918) 42, S. 1–10.
Siebeck, Hans: Hat der wissenschaftliche Privatverlag noch
    Daseinsberechtigung? Tübingen: J. C. B. Mohr (Paul Siebeck) 1951.
Siebeck, Werner: Der Heidelberger Verlag von Jacob Christin Benjamin
    Mohr. Ein Rückblick. Tübingen: J. C. B. Mohr (Paul Siebeck) 1926.
Sombart, Werner/Weber, Max/Jaffé, Edgar: Geleitwort. In: Archiv für
    Sozialwissenschaft und Sozialpolitik (Neue Folge des Archivs für soziale
    Gesetzgebung und Statistik 19) (1904) 1, S. I*–VII*.
Stoltenberg, Hans Lorenz: Soziologie als Lehrfach an deutschen
    Hochschulen. Karlsruhe: Verlag G. Braun 1926.
Verlagsbibliographie Duncker & Humblot 1798–1945. Hrsg. von Norbert
    Simon. Berlin: Duncker & Humblot 1998.
Vierkandt, Alfred: Vorwort. In: Handwörterbuch der Soziologie. Hrsg.
    von Alfred Vierkandt in Verbindung mit G. Briefs, F. Eulenburg,
    F. Oppenheimer u. a. Stuttgart: Ferdinand Enke Verlag 1931, S. Vf.
Walther, Andreas: Handwörterbuch der Soziologie. In: Zeitschrift für die
    gesamte Staatswissenschaft (1932) 92, S. 312–315.

Forschungsliteratur

Alemann, Heine von: Leopold von Wiese und das Forschungsinstitut
    für Sozialwissenschaften in Köln 1919 bis 1934. In: Geschichte der
    Soziologie. Studien zur kognitiven, sozialen und historischen Identität
    einer Disziplin. Bd. 2. Hrsg. von Wolf Lepenies. Frankfurt am Main:
    Suhrkamp Verlag 1981, S. 349–389.
Behrends, Elke: Die Auswirkungen des Boykotts der deutschen
    Wissenschaft nach dem Ersten Weltkrieg auf das Referatewesen:
    Die Reichszentrale für naturwissenschaftliche Berichterstattung.
    In: Fachschrifttum, Bibliothek und Naturwissenschaft im 19. und
    20. Jahrhundert (Wolfenbütteler Schriften zur Geschichte des
    Buchwesens 27). Hrsg. von Christoph Meinel. Wiesbaden: Harrassowitz
    1997, S. 53–66.

Below, Georg von: Zum Streit um das Wesen der Soziologie. In: Jahrbücher
   für Nationalökonomie und Statistik. Dritte Folge (1926) Bd. 69 (124),
   Nr. 3/4, S. 218–242.
Ben-David, Joseph: The Profession of Science and its Powers. In: Minerva 10
   (Juli 1972) 3, S. 362–383.
Boese, Franz: Geschichte des Vereins für Sozialpolitik 1872–1932. Berlin:
   Duncker & Humblot 1939.
Eisermann, Gottfried: Zum Geleit. Alfred Vierkandt. Persönlichkeit und
   Werk. In: Gegenwartsprobleme der Soziologie. Alfred Vierkandt zum
   80. Geburtstag. Hrsg. von Gottfried Eisermann. Potsdam: Akademische
   Verlagsgesellschaft Athenaion 1949, S. 7–23.
— Bedeutende Soziologen (Bonner Beiträge zur Soziologie 4). Stuttgart:
   Ferdinand Enke Verlag 1968.
Estermann, Monika/Schneider, Ute: Wissenschaft und Buchhandel –
   Wechselwirkungen. Einleitung. In: Wissenschaftsverlage zwischen
   Professionalisierung und Popularisierung (Wolfenbütteler Schriften
   zur Geschichte des Buchwesens 41). Hrsg. von dens. Wiesbaden:
   Harrassowitz 2007, S. 7–12.
Fabian, Bernhard: Wissenschaftliche Literatur heute. In: Gelehrte Bücher
   vom Humanismus bis zur Gegenwart. Referate des 5. Jahrestreffens des
   Wolfenbütteler Arbeitskreises für Geschichte des Buchwesens vom 6. bis
   9. Mai 1981 in der Herzog August Bibliothek (Wolfenbütteler Schriften
   zur Geschichte des Buchwesens 9). Hrsg. von Bernhard Fabian und Paul
   Raabe. Wiesbaden: Harrassowitz 1983, S. 169–139.
Factor, Regis A.: Guide to the Archiv für Sozialwissenschaft und
   Sozialpolitik Group 1904–1933. A History and Comprehensive
   Bibliography. Westport, Conneticut: Greenwood Press 1988.
Gerhards, Thomas: Max Weber und die Übernahme des »Archivs für
   Sozialwissenschaft und Sozialpolitik« im Jahr 1903/04. In: Zeitschrift für
   Geschichtswissenschaft 63 (2015) 4, S. 317–336.
Gerhardt, Uta: Soziologie im zwanzigsten Jahrhundert, Studien zu ihrer
   Geschichte in Deutschland. Stuttgart: Franz Steiner Verlag 2009.
Ghosh, Peter: Max Weber, Werner Sombart and the Archiv für
   Sozialwissenschaft: The autorship of the »Geleitwort« (1904). In: History
   of European Ideas 36 (2010) 1, S. 71–100.
   DOI: 10.1016/j.histeuroideas.2009.10.003 [30.05.2016].

Glatzer, Wolfgang: Deutsche Gesellschaft für Soziologie (DGS) – die akademische soziologische Vereinigung seit 1909. In: Soziologie in Deutschland. Entwicklung, Institutionalisierung und Berufsfelder. Theoretische Kontroversen. Hrsg. von Bernhard Schäfers. Opladen: Leske + Budrich 1995, S. 215–230.

Goldschmidt, Nils: Symposium »Schmoller's Legacy for the 21st Century «. Editorial Preface. In: Schmollers Jahrbuch 126 (2006) 2, S. 139–140.

Gorges, Imela: Sozialforschung in Deutschland 1872–1914. Gesellschaftliche Einflüsse auf Themen- und Methodenwahl des Vereins für Socialpolitik (Schriften des Wissenschaftszentrums Berlin. Generalsekretariat 14). Königstein/Taunus: Verlag Anton Hain 1980.

Hanke, Edith/Hübinger, Gangolf/Schwentker, Wolfgang: Die Entstehung der Max Weber-Gesamtausgabe und der Beitrag von Wolfgang J. Mommsen. In: Geschichtswissenschaft im Geist der Demokratie. Wolfgang J. Mommsen und seine Generation. Hrsg. von Christoph Cornelißen. Berlin: Akademie Verlag 2010, S. 207–238.

Holl, Frank: Produktion und Distribution wissenschaftlicher Literatur. Der Physiker Max Born und sein Verleger. In: Archiv für Geschichte des Buchwesens 45. Hrsg. von der Historischen Kommission des Börsenvereins des Deutschen Buchhandels e. V. Frankfurt a. M.: Buchhändler-Vereinigung GmbH 1996, S. 1–225.

Jäger, Georg: Buchhandel und Wissenschaft. Zur Ausdifferenzierung des wissenschaftlichen Buchhandels (LUMIS–Schriften 26). Hrsg. von LUMIS Institut für Empirische Literatur- und Medienforschung. Siegen: [o. V.] 1990.

— Der wissenschaftliche Verlag. In: Geschichte des Deutschen Buchhandels im 19. und 20. Jahrhundert. Bd. 1: Das Kaiserreich 1870–1918. Teil 1. Hrsg. von Georg Jäger in Verbindung mit Dieter Langewiesche und Wolfram Siemann. Frankfurt a. M.: Buchhändler-Vereinigung GmbH 2001, S. 423–472.

Kaesler, Dirk: Die frühe deutsche Soziologie 1909 bis 1934 und ihre Entstehungs-Milieus. Eine wissenschaftssoziologische Untersuchung (Studien zur Sozialwissenschaft 58). Opladen: Westdeutscher Verlag 1984.

Kaesler, Dirk: Max Weber: Der lebendige Klassiker. In Soziologie in Deutschland. Entwicklung, Institutionalisierung und Berufsfelder. Theoretische Kontroversen. Hrsg. von Bernhard Schäfers. Opladen: Leske + Budrich 1995, S. 109–118.

— Max Weber. München: C. H. Beck 2011.

Kirchner, Joachim: Das deutsche Zeitschriftenwesen. Seine Geschichte und seine Probleme. Teil II: Vom Wiener Kongress bis zum Ausgange des 19. Jahrhunderts. Wiesbaden: Harrassowitz 1962.

Knappenberger-Jans, Silke: Verlagspolitik und Wissenschaft. Der Verlag J. C. B. Mohr im frühen 20. Jahrhundert (Mainzer Studien zur Buchwissenschaft 13). Wiesbaden: Harrassowitz Verlag 2001.

Korte, Hermann: Einführung in die Geschichte der Soziologie (Einführungskurs Soziologie 2). 9., durchges. Aufl. Hrsg. von dems. und Bernhard Schäfers. Wiesbaden: Springer VS Verlag für Sozialwissenschaften 2011.

Kruse, Volker: Soziologie und »Gegenwartskrise«. Die Zeitdiagnosen Franz Oppenheimers und Alfred Webers. Wiesbaden: Deutscher Universitätsverlag 1990.

— Von der historischen Nationalökonomie zur historischen Soziologie. Ein Paradigmenwechsel in den deutschen Sozialwissenschaften um 1900. In: Zeitschrift für Soziologie 19 (1990) 3, S. 149–165.

— Geschichte der Soziologie (UTB basics). 2. Aufl. Konstanz und München: UVK Verlagsgesellschaft 2012.

Lembrecht, Christina: Wissenschaftsverlage im Feld der Physik. Profile und Positionsverschiebungen 1900–1933. In: Archiv für Geschichte des Buchwesens 61. Hrsg. von Monika Estermann und Ursula Rautenberg. München: K. G. Saur 2007, S. 113–200.

Lepsius, M. Rainer: Max Weber und die Gründung der Deutschen Gesellschaft für Soziologie. In: Transnationale Vergesellschaftungen. Wiesbaden: Springer Fachmedien 2013, S. 775–785. DOI: 10.1007/978-3-531-18971-0_71 [21.07.2016].

Luhmann, Niklas: Soziale Systeme. Grundriß einer allgemeinen Theorie (Suhrkamp Taschenbuch Wissenschaft 666). Frankfurt a. M.: Suhrkamp 1987.

— Die Wissenschaft der Gesellschaft (Suhrkamp Taschenbuch Wissenschaft 1001). Frankfurt a. M.: Suhrkamp 1992.

Max Weber-Gesamtausgabe. Band II/4: Briefe 1903–1905. Hrsg. von Gangolf Hübinger und M. Rainer Lepsius in Zusammenarbeit mit Thomas Gerhards und Sybille Oßwald-Bargende. Tübingen: J. C. B. Mohr (Paul Siebeck) 2015.

Meinel, Christoph: Die wissenschaftliche Fachzeitschrift: Struktur- und Funktionswandel eines Kommunikationsmediums. In: Fachschrifttum, Bibliothek und Naturwissenschaft im 19. und 20. Jahrhundert (Wolfenbütteler Schriften zur Geschichte des Buchwesens 27). Hrsg. von dems. Wiesbaden: Harrassowitz 1997, S. 137–155.

Menz, Gerhard: Die Zeitschrift. Ihre Entwicklungen und ihre Lebensbedingungen. Stuttgart: Poeschel Verlag 1928.

Mommsen, Wolfgang J.: Einleitung. In: Max Weber und seine Zeitgenossen (Veröffentlichungen des Deutschen Historischen Instituts London 21). Hrsg. von dems. und Wolfgang Schwentker. Göttingen/Zürich: Vandenhoeck & Ruprecht 1988, S. 11–38.

— Die Siebecks und Max Weber. Ein Beispiel für Wissenschaftsorganisation in Zusammenarbeit von Wissenschaftlern und Verlegern. In: Geschichte und Gesellschaft 22 (1996) 1, S. 19–30. URL: http://www.jstor.org/stable/40185763 [10.05.2016].

Nardinelli, Clark/Meiners, Roger E.: Schmoller, the Methodenstreit, and the Development of Economic History. In: Gustav Schmoller (1839–1917) and Werner Sombart (1863–1941) (Elgar Reference Collection). Hrsg. von Mark Blaug. Aldershot/Brookfield: Edward Elgar Publishing 1992, S. 132–140.

Neef, Katharina: Die Entstehung der Soziologie aus der Sozialreform. Eine Fachgeschichte. Frankfurt a. M./New York: Campus Verlag 2012.

Oestreich, Gerhard: Die Fachhistorie und die Anfänge der sozialgeschichtlichen Forschung in Deutschland. In: Historische Zeitschrift 208 (1969), S. 320–363.

Schäfers, Bernhard: Einführung in die Soziologie. Wiesbaden: Springer Fachmedien 2013.

Schimank, Uwe/Volkmann, Ute: Die Ware Wissenschaft: Die fremdreferentiell finalisierte wirtschaftliche Rationalität von Wissenschaftsverlagen. In: Wirtschaftliche Rationalität. Soziologische Perspektiven. Hrsg. von Anita Engels und Lisa Knoll. Wiesbaden: Springer Fachmedien 2012, S. 165–183. DOI: 10.1007/978-3-531-93354-2S [12.07.2016].

Schmoller, Gustav: Grundriß der Allgemeinen Volkswirtschaftslehre. Teil 2. Leipzig: Duncker & Humblot 1904. S. VIf.

Schmoller, Gustav von: My Early Years in Heilbronn. In: Schmollers
Jahrbuch 126 (2006) 2, S. 144–162. URL: https://www.wiso-net.de/
document/SJB__SJB20060926141223414102721343414 [20.07.2016].
Schneider, Ute: Der wissenschaftliche Verlag. In: Geschichte des deutschen
Buchhandels im 19. und 20. Jahrhundert. Bd. 2: Die Weimarer Republik
1918–1933. Teil 1. Hrsg. von Ernst Fischer und Stephan Füssel. München:
K. G. Saur 2007, S. 379–440.
Stöckel, Sigrid: Verwissenschaftlichung der Gesellschaft –
Vergesellschaftung der Wissenschaft. In: Das Medium
Wissenschaftszeitschrift seit dem 19. Jahrhundert.
Verwissenschaftlichung der Gesellschaft – Vergesellschaftung der
Wissenschaft (Wissenschaft, Politik und Gesellschaft 5). Hrsg. von ders.,
Wiebke Lieser und Gerlind Rüve. Stuttgart: Steiner 2009, S. 9–23.
Stölting, Erhard: Akademische Soziologie in der Weimarer Republik
(Soziologische Schriften 46). Berlin: Duncker & Humblot 1986.
Thiel, Felicitas/Rost, Friedrich: Wissenschaftssprache und Wissenschaftsstil.
In: Einführung in die Wissenschaftstheorie und Wissenschaftsforschung
(Wie kommt Wissenschaft zu Wissen? 4). Hrsg. von Theo Hug.
Baltmannsweiler: Schneider Verlag Hohengehren 2001, S. 117–134.
Vom Bruch, Rüdiger: Gelehrtenpolitik, Sozialwissenschaften und
akademische Diskurse in Deutschland im 19. und 20. Jahrhundert.
Hrsg. von Björn Hofmeister und Hans-Christoph Liess. Stuttgart: Franz
Steiner Verlag 2006.
Wagner, Gerhard: Die Wissenschaftstheorie der Soziologie. Ein Grundriss.
München: Oldenbourg Wissenschaftsverlag 2012.
Wallgärtner, Gisela: Der soziologische Diskurs im Kaiserreich. Auswertung
sozialwissenschaftlicher Zeitschriften (Beiträge zur Geschichte der
Soziologie 2). Münster/Hamburg: Lit Verlag 1991.
Weber, Marianne: Max Weber. Ein Lebensbild. 3., unveränd. Nachdruck
der 1. Auflage 1926, ergänzt um Register und Verzeichnisse von Max
Weber-Schäfer. Tübingen: J. C. B. Mohr (Paul Siebeck) 1984.
Weingart, Peter: Wissenschaftssoziologie (Einsichten. Themen der
Soziologie). Bielefeld: transcript Verlag 2003.
Winckelmann, Johannes: Max Webers hinterlassenes Hauptwerk.
Entstehung und gedanklicher Aufbau. Tübingen: J. C. B. Mohr (Paul
Siebeck) 1986.

Wolfradt, Uwe: Vierkandt, Alfred. In: Deutschsprachige Psychologinnen und Psychologen 1933–1945. Hrsg. von Uwe Wolfradt, Elfriede Billmann-Mahecha und Armin Stock. Wiesbaden: Springer Fachmedien 2015, S. 459–461. DOI: 10.1007/978-3-658-01481-0 [20.07.2016].

1 Kristina Auer D-Manga. Der japanische Comic und seine deutsche Adaption. 2013. 142 S. 978-3-656-45418-2. **2 Charlotte Kempf** Antikenrezeption vor dem Hintergrund des Medienwechsels im 15. Jahrhundert. 2013. 52 S. 978-3-656-45098-6. **3 Katharina Liehr** Gemeinschaftliche Lektüre im Social Web. Untersuchungen zum Potenzial von Online-Leserunden für die Buchbranche. 2013. 212 S. 978-3-656-45080-1. **4 Svenja Lüll** Schreibschrift oder »Druckschrift«? Welche Schrift soll die Schule lehren? 2013. 56 S. 978-3-656-45076-4. **5 Julia Schaer** Die imaginäre Bibliothek in der Jugendliteratur. Wie die aktuellen Richtlinien realer Bibliotheken in »Harry Potter«, »Die Stadt der träumenden Bücher« und weiteren Werken berücksichtigt werden. 2013. 52 S. 978-3-656-45414-4. **6 Marisara Stecher** Das Buch im transmedialen Franchise. Transmedia Storytelling als Chance für Verlage. 2013. 56 S. 978-3-656-45090-0. **7 Verena Tesar** Online-Verleihmodelle. Wie Bibliotheken und andere Anbieter E-Books über das Internet verleihen können. 2013. 58 S. 978-3-656-45096-2. **8 Jessica Upmeier** Enhanced E-Books – ein neuer Produkttyp auf dem Buchmarkt. Vor- und Nachteile von EPUB 3 zur Umsetzung von Enhanced E-Books. 2013. 56 S. 978-3-656-45157-0. **9 Sarah Lisa Wierich** Typografie im Nationalsozialismus. Instrumentalisierung oder Zeiterscheinung? 2013. 68 S. 978-3-656-45092-4. **10 Elisabeth Windfelder** Das Buch als Werbemittel. Eine Analyse am Beispiel der McDonald's Kooperation 2012/13. 2014. 52 S. 978-3-656-58506-0. **11 Vanessa Roth** Annäherung an eine Ökobilanz von E-Books. 2014. 52 S. 978-3-656-58512-1. **12 Maike Söhner** Money Matters. Alternative Finanzierungsmethoden in der Buchbranche. 2014. 68 S. 978-3-656-58514-5. **13 Heidi Vetter** Alternate Reality Games als Marketinginstrument im Jugendbuchmarkt. 2014. 56 S. 978-3-656-58516-9. **14 Rebekka Zech** Konventionen in Wissenschaftskulturen. Texterschließende Merkmale wissenschaftlicher Publikationen aus den USA, der UdSSR, der DDR und der BRD. 2015. 92 S. 978-3-945883-00-6. **15 Katharina Laufs** Eigenständige Marktbearbeitung statt Lizenzvergabe? Neue Möglichkeiten für Verlage durch Internationalisierung des E-Book-Geschäfts. 2015. 124 S. 978-3-945883-02-0. **16 Sandra Duschl** Informieren, Inszenieren, Integrieren. Corporate Books als Instrumente nachhaltiger Unternehmenskommunikation. 2015. 104 S. 978-3-945883-04-4. **17 Kristin Lulei** E-Books kaufen, abonnieren, leihen? Eine Analyse auf Basis einer Konsumentenbefragung. 2015. 132 S. 978-3-9455883-06-8. **18 Anna Violetta Lex** Das Buch als Erinnerungsobjekt. 2015. 152 S. 978-3-945883-12-9. **19 Dörthe Fröhlich** Register und digitale Bücher. Problematik, Erstellung und Gebrauchswert. 2015. 51 S. 978-3-945883-15-0. **20 David Richter** Bedeutung und Funktion des Buches in literarischen Dystopien. Exemplarisch anhand George Orwells Nineteen Eighty-Four. 2015. 51 S. 978-3-945883-18-1. **21 Martin Steininger** Die Bedeutung von Kulturgütern in der Konsumgesellschaft. Das Buch als Wirtschaftsgut in der Massenkultur. Eine Standortbestimmung nach Walter Benjamin und Theodor W. Adorno. 2015. 41 S. 978-3-945883-21-1. **22 Angela Huber** Wozu Neuschnitte? Das Beispiel der Optima. 2015. 48 S. 978-3-945883-24-2. **23 Magdalena Schlosser** Leichenpredigten des Barock als Forschungsgegenstand. 2016. 51 S. 978-3-945883-27-3. **24 Felicitas Boos** Systemtheoretische Ansätze in der Buchwissenschaft. Idee, Stand der Diskussion, exemplarische Anwendungsbereiche. 2016. 73 S. 978-3-945883-32-7. **25 Nina Rubach** Open Innovation in der Buchbranche. Ein neues Konzept von Innovationen und sein Niederschlag bei Verlagen und Start-Ups. 2016. 58 S. 978-3-945883-35-8. **26 Charmaine Gamisch** Albatross Books. Ein Pionier des modernen Taschenbuchs. 2016. 84 S. 978-3-945883-38-9. **27 Sabrina Holitzner** Leseförderung in den Niederlanden. Am Beispiel der Stiftungen »Stichting Lezen«, »Stichting Lezen & Schrijven« und »Stichting Collectieve Propaganda van het Nederlandske Boek«. 2016. 113S. 978-3-945883-39-6. **28 Anna-Carina Blessmann** Kritik an Autorschaft und Literaturbetrieb am Beispiel ausgewählter Episoden der Serie »Die Simpsons«. 2016. 59 S. 978-3-945883-42-6. **29 Jaquelin Kathrin Matthes** Der aktuelle gesellschaftliche Wertekosmos und seine Spiegelung auf dem deutschen Buchmarkt. 2016. 100 S. 978-3-945883-45-7. **30 Sophia Meyer** Bibliotherapie. Eine aktuelle Bestandsaufnahme. 2016. 106 S. 978-3-945883-48-8. **31 Lisa Eckstein** Das ultimative Anti-E-Book? Der Roman S. – Das Schiff des Theseus von J. J. Abrams und Doug Dorst. 2017. 61 S. 978-3-945883-51-8. **32 Annedore Friedrich** Augmented Reality im Kinderbuch. Eine Rezeptionsanalyse von Leyo!, SuperBuch & Co. 2017. 146 S. 978-3-945883-54-9. **33 Emmelie Öden** Rechtsextreme Verlage in Deutschland. Eine aktuelle Bestandsaufnahme. 2017. 80 S. 978-3-945883-57-0. **34 Franziska Steuer** Soziologie 1900–1933. Eine junge Disziplin im Spiegel ihrer Verlage. 2017. 113 S. 978-3-945883-60-0.

INITIALEN